普通高等院校经济管理类规划教材

Economics & Management

统计学 STATISTICS

■ 吴妤 编著

兰州大学出版社

图书在版编目(CIP)数据

统计学／吴好编著. —兰州:兰州大学出版社,
2012.11(2022.5 重印)
ISBN 978-7-311-04002-4

Ⅰ.①统… Ⅱ.①吴… Ⅲ.①统计学 Ⅳ.①C8

中国版本图书馆 CIP 数据核字(2012)第 278402 号

策划编辑 张爱民
责任编辑 佟玉梅
封面设计 刘 杰

书 名 统计学
作 者 吴 好 编著
出版发行 兰州大学出版社 (地址:兰州市天水南路 222 号 730000)
电 话 0931-8912613(总编办公室) 0931-8617156(营销中心)
0931-8914298(读者服务部)
网 址 http://press.lzu.edu.cn
电子信箱 press@lzu.edu.cn
印 刷 西安日报社印务中心
开 本 710 mm×1020 mm 1/16
印 张 13.25
字 数 241 千
版 次 2012 年 11 月第 1 版
印 次 2022 年 5 月第 8 次印刷
书 号 ISBN 978-7-311-04002-4
定 价 33.00 元

前　言

凡是有人群的地方就有统计。在我国古代,管子就曾经说过:“不明于数欲举大事,如舟之无楫而欲行于大海也。”意思是说在不清楚相关数据信息的情况下想做大事,无疑就像没有橹的船想要航行于汪洋大海一样是无法想象的。

因此,我们学习本课程的目的是在充分理解统计方法的基本原理的基础上,为进一步学习使用统计软件、实现统计的计算、分析计算结果打好基础。希望学习者通过对计算结果的分析把握,学会如何进行数据挖掘,并以数据语言实现分析问题、解决问题的途径。

书中提供了多种多样的图示,如正态概率图、直方图、散点图和Excel操作步骤图等,通过这些图可以使学习者一方面理解数据的特点和概括数据的方法,另一方面进一步理解有关统计方法的基本思想和特点。作者很重视统计在解决实际问题中的作用,在全书中用许多篇幅讨论如何解释数据分析的结果。

本书适用于作为文科本专科各专业的统计学教程,也可作为有关方面实际工作人员的统计入门书。阅读本书不需要其他统计方面的基础,也不需要高等数学知识。

信息时代,科技为先。在终极的分析中,一切知识都是历史。在抽象的意义下,一切科学都是数学。在理性的基础上,一切判断都需要依赖于统计。

作者

2012年12月于兰州

目　录

第一章 统计学的对象和方法

学习要点

通过对本章的学习，从总体上对统计学的研究对象与方法进行了阐述，提出基本的认识，要求具体掌握以下内容：

1. 社会经济统计学的研究对象、学科性质和国家统计的职能、统计活动过程和统计研究的基本方法；

2. 统计数据与统计学的关系和统计学的应用领域；

3. 统计学中的几个基本概念和范畴，包括统计总体、样本、个体、标志、指标、指标体系等。

提到统计，似乎并不陌生，除了大量的数字和图表，统计也有内容丰富的一面。例如，“吸入过多甲醛可以导致白血病”是不容置疑的事实，可是这种结论是怎么得来的呢（相关与回归分析）？某企业的产品合格率为97%，这个结论又是怎样得来的呢（抽样推断）？统计提供统计信息，对人们的宏观和微观管理决策均起着十分重要的作用，与我们的生活息息相关。

第一节 统计学的对象和性质

一、什么是统计学

在我们日常生活中，人们经常使用“统计”一词。统计学是关于数据的科学，其内容包括数据收集、数据整理、数据分析和数据解释等。

数据收集就是获取统计数据。数据整理是将收集得来的数据用图表等形式展示出来。数据分析是通过描述统计方法和推断统计方法研究数据。数据解释是对分析结果进行解释说明。

二、统计学的研究对象和特点

(一)统计学的研究对象

统计学研究的是客观现象总体的数量方面,即客观现象总体的数量特征和数量关系。通过对这个对象的研究,以认识客观现象总体的规律性。

社会经济统计学的研究对象是社会经济现象总体的数量方面,通过对大量社会经济现象的数量方面的研究,以认识社会经济现象总体在一定时间、地点条件下的规律性的表现,把握其发展变化的趋势。表1-1为中国2011年经济和社会发展统计公报。

表1-1 中国2011年经济和社会发展统计公报

国内生产总值	471 564亿元	比上年增长	9.2%
其中:第一产业增加值	47 712亿元	比重:	10.1%
第二产业增加值	220 592亿元		46.8%
第三产业增加值	203 260亿元		43.1%
粮食总产量	57 121万吨	比上年增长	4.5%
工业增加值	188572亿元	比上年增长	10.7%
其中:钢产量	68 388.3万吨	比上年增长	7.3%
原煤产量	35.2亿吨	比上年增长	8.7%
布产量	619.8亿米	比上年增长	11.61%
汽车产量	1 841.89万辆	比上年增长	0.8%
彩电产量	1.24亿台	比上年增长	8.50%
冰箱产量	8 699万台	比上年增长	20.33%
发电量	47 000.7亿千瓦时	比上年增长	11.7%
建筑业增加值	32 020亿元	比上年增长	10.0%
社会消费品零售总额	183919亿元	比上年增长	17.1%
固定资产投资总额	311 022亿元	比上年增长	23.6%
进出口总额	36 421亿美元	比上年增长	22.5%
其中:出口总额	18 986亿美元		
进口总额	17 435亿美元		
全年保险费收入	14 339亿元	比上年增长	10.5%
年末全部金融机构本外币各项存款余额			82.7万亿元
年末全国大陆总人口			134735万人
人口自然增长率			4.79‰
城镇居民人均可支配收入			21 810元/人
农村居民人均纯收入			6 977元/人

(二)统计学研究对象的特点

统计学的研究对象具有以下四个特点:数量性、总体性、差异性、社会性。

1. 数量性

数量性是统计学对象的首要特点。“数字是统计的语言”指的正是这个意思。统计数据是客观事物量的反映,统计定量分析必须建立在对客观事物定性认识的基础上。

社会现象有质量和数量两个层次,两者是辩证统一的。一方面,要了解事物的现状并预计其发展趋势,就必须研究事物在量上表现出的规律性。例如,一个国家的廉租住房、经济适用住房和政策性租赁住房的数量和分布等数字,都是反映该国家保障性住房基本情况的重要方面。另一方面,要准确反映事物的数量特征,又需要对研究对象的质有一个基本认识。例如,要了解一个国家保障性住房的建设情况,就必须对保障性住房的含义和包括的范围有一个基本的认识。统计学对客观现象数量的研究,正是在客观现象的质与量的辩证统一关系中来研究的。

2. 总体性

统计学研究的是客观事物总体的数量方面,而不是个别现象的量。统计在于研究某种相同性质的个别事物组成的事物的数量特征。例如,要进行人口统计,目的不在于了解个别人的性别、年龄、文化程度等情况,而是要反映一个市区、一个省、一个国家人口的性别比例、年龄构成、文化程度等人口现象总体的数量特征。

3. 差异性

统计研究同类现象总体的数量特征,它的前提是组成总体的事物必须存在着差异性,这样才有必要进行研究。例如,一个班级的学生身高有差异,成绩有差异等,这才需要研究学生的身高分布、平均成绩等指标。如果各班级不存在这些差异,就不需要作统计研究,例如,太阳东升西落是因为地球自西向东的自转,这与统计无关。

4. 社会性

社会经济统计所研究的数量总是反映在社会经济领域中人类有意识活动的条件、过程和结果上,它总是与人们的利益有关,反映着人们之间的相互关系。例如,占有关系、分配关系、交换关系等。

三、统计测量的尺度

统计指标的可量性决定了在对于社会经济现象的数量方面进行研究时,必须予以量化,从数据量化的抽象程度不同大体分为以下几个层次。

(一)定类尺度

定类尺度,或称作列名尺度,就是将研究对象按某种特征将其划分成若干部分,并给每一类别定名,但不对类别之间的关系做任何假定。定类尺度是最粗略、精度最低的计量尺度,也是最基本的尺度。例如,在人口统计中按地区分组、民族分组，并用数字作为代号，如北京为01，河北为02等。在形式上，定类尺度具有对称性和传递性两种属性，对称性说明各类之间彼此相对称，传递性则表示运算上各类量值只具有相等与不相等的性质。这种测定尺度和分组在实际统计活动中使用得很广泛，主要用于计算各组数值占总体数值的比重和众数等，但不能对各类编号进行加减乘除计算。

（二）定序尺度

定序尺度，或称为顺序尺度，它是把各类事物按一定特征的大小、高低、强弱等顺序排列起来，构成定序数据。例如，将产品按其质量高低列成一等品、二等品、三等品，学生的成绩排列为优、良、中、及格、不及格等，这种测定尺度的量度层次要比定类尺度高一些，它不仅可以分类，而且可以确定这些类别的顺序，各类之间还能比较等级和次序上的差别，在运算上，各类量值除了具有等与不等的特征外，还有大于或小于之分，但其序号仍不能进行加、减、乘、除计算。定序尺度除了可用来计量比重（频率）外，还可进行累计频数（率）、中位数等数值的计算。

（三）定距尺度

定距尺度，或称间隔尺度，它是把定序排列的各类事物间的差距，以一定的度量单位明确起来，构成定距的数据。这是比前两种尺度更精确的计量尺度，一般要求建立某种物理的量度单位，如考试成绩以分计量，长度以米计量等。成绩每分之间的间隔是相等的，80分与90分的差距等同于90分与100分的差距。在运算上，除了等于、不等于、大于、小于之外，还可进行加减运算，但不能进行乘除运算。例如，可以说30℃与25℃相差5℃，且它同10℃与5℃之间的差距相等，但不能说10℃比5℃热一倍。

（四）定比尺度

定比尺度，或称比率尺度，是量度层次最高的数据测定尺度，它是在定距尺度的基础上增加了一个绝对零点，并抽象掉事物的度量差异的测定尺度。换言之，定距尺度中的0只表示某一个值，即0值；而定比尺度中的0是绝对零点，表示没有。定距尺度与定比尺度的差别，在于是否存在绝对零点，0在两者间的意义是不同的。例如，某人数学考试得0分，只能表示他的数学成绩是0分，不等于说他完全没有数学水平，但如说某人的身高为0米，则表示此人是不存在。在运算上，定比尺度可以用于任何统计运算和比较。因此，许多统计的最终结果是以定比尺度给出的，是广泛使用和值得推广的测定尺度。

在测定尺度的应用中，需要注意的是，同类事物用不同的尺度量化，就会得到不同的尺度数据。例如，农民收入数据，按实际值填写就是定距尺度；按高、中、低收入水平分就是定序尺度；按有无收入计量则成为定类尺度；按说某人的收入是另一人的两倍，则是定比尺度。又如，学生成绩若具体打分就是定距尺度，用优、良、中、及格、不及格划分就是定序尺度。一般因研究的目的和内容不同,计量尺度也会不同,若不担心损失信息量,就可降低量度层次,从而实现它们之间的转化。例如,性别在医学上若根据荷尔蒙的比例来区分的话,就是定距尺度,而性别按男、女来区分的话,则是定类尺度。

四、统计学的性质

在统计学的发展过程中,各流派对统计学本质的认识,在不同的国家和不同时期是有明显区别的。三百多年来,各流派在不断争论并不断融合的进程中,共同促进了统计学的发展和完善。

在统计学发展的早期,统计方法的应用主要在社会、经济、人口、生物等领域,同时,也形成了不同领域的应用统计学派。各学派的争议及融合不断地推动了统计方法及学说的发展,并不断产生新的统计学派。在历史的进程中,“政治算术”与“国势学派”之间的争论最为激烈,即统计学是社会政治经济的计量工具,还是反映社会经济政治状况的学说。这种争论持续了一个多世纪,国势学派才逐渐独立出去,形成国家学或称之为国势学。从国势学派的性质看,它不研究社会经济现象的规律性,也不研究记述或列表的原理和方法,只是把统计学作为社会科学来对待。在政治算术学派的影响下,从国势学派中分离出了表式学派,并进一步统一到政治算术学派的思想下,所以,政治算术学派的发展才成为社会统计学派的真正源头,即在古典统计思想中政治算术学派与国势学派的长期争论及融合,为近代社会统计学的产生奠定了基础。

在统计学发展的近期(特别是 1882 年以后),在社会统计学派内部对统计学性质和职能展开了“实质性科学”与“方法论科学”的争论,即统计学是研究事物本质规律的科学,还是研究数量处理方法的科学。这种争论使社会统计学派分裂为旧派和新派两种社会统计学派,20 世纪 30 年代以前认为统计学是实质性科学的旧派在国际上占优势。20 世纪 30 年代以后受数理统计学派的影响,方法论的思想已占主导地位。所以,这种争论最终演变为社会统计学派与数理统计学派之间争论。

在概率论等科学理论的影响下,统计学作为数学的独立分支是以数理统计为主线发展的,即所谓的数理统计学派。该学派在 20 世纪得到了迅速发展,从大样本向小样本(样本容量大于等于 30 为大样本),从描述向推断逐步得以完善,并广泛地应用于自然科学和社会科学的各个方面。同时,在现代统计学派间的争论和融合中,已表现出从数学、经济学等学科中逐渐分离出来的趋势。

从统计学的发展史中我们可以看出,每一历史阶段的争论结果,都是对统计学性质的进一步确定和完善,因此现代统计学的性质可以归纳为如下几个方面:

1. 统计学是方法论科学,而不是实质性科学统计学研究的是事物普遍存在的数量关系为计量和数量分析的方法，并通过数量分析来认识特定事物的内在规律性，但不是研究规律本身。

2. 统计学的应用范围既包括社会科学，也包括自然科学

由于统计学的方法来自于社会科学，也来自于自然科学，所以它可以用于社会现象，也可以用于自然现象，即统计学是一种通用的方法论科学；同时统计学也不是依附于实质性科学而存在的方法论，它是独立的方法论科学。

3. 统计学的研究对象既包括确定现象的总体数量关系，也包括随机现象的总体数量关系，即统计学是研究各类事物总体数据的方法论科学。

由此可见，统计学是认识客观现象总体的数量特征和数量关系的方法论科学。

五、统计学的分科

任何事物的分类，都可以从不同的角度进行，以便深入全面地认识客观事物，对统计学的认识也是如此。

（一）按统计研究的性质分类

1. 理论统计学

理论统计学是指以统计学的基本原理（一般理论和方法）为主要研究内容的统计学。它是把研究对象一般化、抽象化，归纳个体一般共同规律的统计学。它是方法论，具有普遍性。例如，统计学原理、数理统计学、多元统计学等。

2. 应用统计学

应用统计学是指以统计方法在各专业领域中的应用和在各专业的数量规律性研究中所呈现的特有统计方法为对象的统计学科。应用统计学是理论统计学在各专业领域的具体应用，具有针对性。例如，生物统计学、经济统计学、人口统计学等。

财经应用统计学的独立分支有：计量经济学、质量控制论、经济统计学、经济预测学、经营决策论等。

（二）按统计方法的特点分类

现代统计学已把各学派的统计理论有机结合起来，但是，从方法上还按数理统计学派的观点，将统计学分为描述统计和推断统计。这里的描述将更完善，推断将更科学，并可将两者有机结合形成新的应用统计技术。

1. 描述统计学

描述统计学是指通过对统计资料的收集、整理、综合计算及分析等形式，来反映客观现象的数量特征和数量关系的统计方法论。

2. 推断统计学

推断统计学是指根据部分统计资料的特征，对全部或大部分同类现象的特征进行估计、检验及分析研究的统计方法论。

3. 应用统计技术

应用统计技术是指在现代统计方法中，将描述统计方法与推断统计方法有机结合，专职应用于某一领域的专有统计方法，他不专属于描述统计、也不专属于推断统计，例如，现代相关分析、统计预测、统计决策等。

（三）其他分类

按统计工作的领域不同统计学可分为统计指标学、统计调查学、统计决策论、统计报告学、统计法学及统计信息管理学等；按应用统计领域可分为思维科学统计学、社会科学统计学和自然科学统计学等；按国际统计学会对统计理论和方法的分类，可多达16个大类，343个中类，预计到21世纪初将发展至680多个研究中类。

六、统计学与其他学科的关系

统计学的迅速发展，已使它从各门实质性科学中分离出来，并逐渐形成与经济学、哲学、数学等并列的一级学科的发展趋势；但是统计学在某些地方还与其他科学有着密切的联系，并很难严格区分开来。

（一）哲学、数学与理论统计学的关系

哲学是关于世界观的学说，是自然知识和社会知识的概括和总结，是人类认识世界最一般的方法论学说。因此，对于认识社会的具体方法论科学——统计学也就必然是以哲学为其方法论基础，它在把统计方法应用于其他科学研究以探索客观规律性的实践活动中，起着哲学普遍原理的指导作用。例如，哲学中实践第一的观点，在统计学中要求统计资料、数字要真实，不能虚报和瞒报。

数学是研究现实世界的空间形式和数量关系的科学。它属于自然科学，是其他科学的数理基础，为一切科学研究提供数理依据。统计学是计量分析的工具，它离不开数学方法，与数学有着密切的关系，即许多统计方法都离不开数学方法的应用。首先，统计学对客观事物的数量认识，要遵循各类事物间的关系的客观性，而数学方法正是对客观数量关系的规律性认识，所以采用数学方法是对数量关系处理和认识的捷径；其次，统计研究经常利用数学模型来进行，通过模型对事物数量关系进行本质的反映，抛开了杂乱的次要因素及随机因素的影响，属于科学的认识方法；再次，统计学中各种特征值的计算都是数学方法的具体体现，所以说统计学研究中注意数学方法的应用是科学发展和进步的客观要求。而统计学与数学的主要区别就在于数学是以确定性数量关系为主要研究对象，统计学是以随机性数量关系为主要研究对象的。

任何事物都是在质与量的辩证统一中存在和发展的，统计学正是在这种关系中侧重于事物的数理规律的研究。它在哲学思想的指导下，应用数学等方法为其他科学研究和管理提供有效的方法论工具。

（二）经济学与统计学的关系

经济学是研究与资源最优配置相关的一系列经济问题的各类学说。为使资源配置最优，就要客观地认识各种经济规律，了解各类经济现象的特征，这主要是实证经济学的任务，而实证的方法工具主要就是统计学。

作为经济学的分支计量经济学是以经济理论为基础，运用数学和统计方法对经济数据和信息进行分析，以测定经济关系的方法论科学。

作为统计学的分支经济统计学是以经济理论为指导，对经济生活中各类指标、经济关系进行计量、反映以及分析研究的学说。

第二节　统计学的基本范畴

范畴，即概念，这些概念反映着客观现象的基本性质和规律性。统计学的基本范畴，也叫基本概念，是了解和学习统计学的基础。这些基本范畴有统计总体与样本、个体与标志、变量与变量值、指标与指标体系等。下面分别给以介绍。

一、统计总体与样本

（一）统计总体

1. 统计总体的概念

统计总体（简称总体），是指统计所研究的事物的全体，它是客观存在的具有某种共同性质的许多个别事物组成的集合体。

总体是一个集合的概念，总体单位则是集合的元素。例如，在研究全国工业企业生产经营情况的时候，总体是全国所有的工业企业，每一个工业企业是总体单位。

2. 总体的特征

总体具有以下三个基本特征：

(1)大量性。总体是由许多单位组成的。一个或少数单位不能形成总体，因为统计研究的目的是要揭示大量事物的普遍规律性，而事物的规律性只有在大量现象的综合汇集中才能表现出来，个别现象偶然性比较大，而大量现象的总体则相对稳定，所以统计研究的对象必须包括足够多的个体。

(2)同质性。构成总体的各单位必须具有某种共同性质，这是形成总体的客观依据，也是我们确定总体范围的标准。同质性是相对的，它是由统计研究的目的决定的。例如，研究一个班级学生的成绩分布，该班级全体学生构成总体，凡该班级学生都是同质的；但是如果研究优秀学生的成绩分布，并确定优秀线为单科成绩 90 分以上，那么成绩在这个界限上下的学生就属于不同质的。

(3)差异性。总体的各单位除了某一方面的共同性外，在其他方面必须是有差异的，这些差异是统计研究的基础和前提。例如，全国第三产业普查，每个企业除都属第三产业这一性质外，在规模大小、投资收益率等方面又是不同的，通过研究可以计算平均规模和平均收益率，以反映全国第三产业的一般特征。

作为总体，必须同时具备上述三个特征，才能进行一系列的统计计算和分析研究，两者缺一不可。现象不同质，无法将其结合在一起；少量单位，反映不出现象的规律性；各个单位都一样，没有差别，无须进行统计研究。

（二）样本

1. 样本的概念

由总体的部分个体组成的集合称作来自总体的样本。虽然样本的数量相比于总体来说，只是一小部分，但样本来源于总体并在很大程度上反映整体，全部总体可以称为母体，而样本则是子样。

2. 样本的特征

样本具有以下基本特征：

（1）样本的客观性。样本的选取必须排除主观因素的干扰。抽取样本可以用随机抽样的方法，也可以用非随机抽样的方法，不论采取哪种方法，都应确保所取样本不受调查者和合作者个人偏好的影响。

（2）样本的代表性。样本抽取的目的是通过样本分析来推断母体，因此，样本的代表性对于研究母体十分重要。样本代表性的高低与样本单位数、抽样方法以及抽样组织形式有关。

（3）样本必须来自于统计总体内部。这是因为抽样的目的是要推断总体，统计推断和其他推断不同，后者可以由相关的现象作参照，所以未必属于同一总体；而统计推断则是利用样本作为总体的代表，必须是全部总体的一部分。

二、个体与标志

（一）个体

个体是指构成总体的具有同质性的个别事物，又称总体单位。例如，全国第三产业普查，每个第三产业企业是个体。

总体根据个体单位数是否有限，分为有限总体和无限总体。

（1）有限总体是指总体中包含的个体数量是有限的。例如，检查一批电脑，求它们的平均使用寿命。检查的电脑数量无论多少，因为电脑的台数总是有限的，所以我们观察的总体是有限总体。

（2）无限总体是指个体数目无限。例如，一个人到公交车站候车，公交车的标准间隔时间是 5 分钟，一个人可能的候车时间为［0,5］，所以由他可能的候车时间组成的总体为无限总体。

（二）标志

1. 标志的概念

标志是说明总体单位属性或特征的名称。

2. 标志的种类

标志按反映总体单位的特征不同，可分为品质标志与数量标志两种。

(1)品质标志表明事物的品质属性，它不能用数值表示，只能用文字说明。

(2)数量标志表明事物的数量特征，它可以用数值表示。

例如，在全国工业企业总体中，每一个工业企业是总体单位。而每个工业企业所属的经济类型、产品名称、行业、主管部门、产品名称、所属行业等，以及每个工业企业所属的产值、产品利润、职工人数、劳动效率、工资总额、固定资产、生产能力、流动资金等就是标志。其中，前者是品质标志，后者是数量标志。

3. 标志表现

标志表现是标志名称之后所表明的属性和数值。例如，某工人的性别是男，民族是汉族，年龄是 40 岁，工资是 3 800 元。在这里，男和汉族分别是品质标志名称性别和民族的属性，这是这类标志的具体表现；而 40 岁和 3 800 元则分别是数量标志名称年龄和工资的数值表现，也称标志值。

所以，单位是标志的承担者，标志表现单位是标志的承担者，标志表现是标志的实际体现者。

三、变量与变量值

(一)变量与变量值的概念

变量是指数量标志和指标。变量值是指数量标志与指标的具体取值(也称标志值)。例如，身高是变量，160 厘米、180 厘米等则是变量值；再如，房地产产业增加值是变量，800 万元、1 200 万元等则是变量值。

(二)变量的种类

变量主要有以下两种分类：

- 变量
  - 按变量值是否连续分为
    - 离散型变量
    - 连续型变量
  - 按变量值是否确定分为
    - 确定性变量
    - 非确定性变量

1. 按变量值是否连续的分类

按变量值是否连续，可将变量分成离散变量和连续变量。

(1)离散变量，其取值可以按一定次序一一列举，变量值是以整数位断开的(通常取整数形式)，可以用计数的方法取得。例如，企业的职工人数、设备的台数、学生的人数等。

(2)连续变量，其取值是连续不断的，相邻两值之间可作无限分割(数值可以用小数表示)，其数值要用测量或计量的方法取得。例如，企业的产值、利润、学生的身高、体重等。

2. 按变量值是否确定分类

按变量值是否确定，可将变量分为确定性变量和随机性变量。

(1)确定性变量是指变量受某种或几种确定性因素的影响,其数值是具体确定的或沿一定的方向发展。事后统计得到的大多数成果多属于确定性变量,例如,一次调查所得到的某标志的统计数列等。

(2)随机性变量是指受某种或几种不确定性因素影响,其取值是带有很大偶然性的变量。例如,抽取部分零部件检查其质量,测量是否符合规定,其误差的大小带有一定的偶然性,所以误差的大小就是一个随机性变量。

四、指标与指标体系

(一)指标

1.指标的概念和构成要素

指标是说明总体数量特征的名称和数值。任何指标都可以用数字来表示。

指标由指标名称和指标数值两个要素构成。例如,2011 年第四季度全国主要监测地价总水平为每平方米 3 049 元,其中主要监测地价总水平为指标名称,每平方米 3 049 元为指标数值。

注意:统计指标是由标志(数量标志)转化而来的。

2.指标的特点

统计指标具有以下三种特点:

(1)数量性。任何指标都可以用数值表示,没有不用数值表示的统计指标。有些抽象度较高的社会经济概念是难以量化的,不能直接用来作为统计指标的名称,必须将它分解或转化为可以量化的概念才能成为统计指标。例如,我国大部分地区的人民生活,正在发生由温饱水平上升到小康水平的阶段性变化,为了衡量是不是达到了小康水平,只有人均收入水平或人均消费水平是不够的,党中央和国务院已经提出“生活质量达到或超过中等收入国家水平”的要求。“生活质量”是怎样衡量呢?我们可以把它分解为:平均预期寿命、平均受教育年限、婴儿死亡率、每人每日摄取热量等可以量化的概念,然后用一定的方法加以综合计算。这样,“生活质量”便成为一个统计指标了。

(2)综合性。任何指标都是综合说明总体数量特征的。一个家庭的工资收入不能成为统计指标,一个城市或一个地区的工资总额、平均工资才能成为统计指标。

(3)具体性。任何指标数值都是反映所研究现象在具体时间、地点、条件下的数量特征,不存在脱离质的内容的统计指标。

3.标志和指标的关系

(1)标志和指标的区别

①标志是说明个体属性或特征的名称,而指标是说明总体数量特征的名称;

②标志有品质标志(只能用文字表示)与数量标志(可以用数字表示)两

种，而指标都可以用数字表示。

(2)标志和指标的联系。许多指标值都是由数量标志值汇总而来的。

4. 指标的种类

统计指标主要有以下几种：

- 统计指标的种类
  - 按反映现象的数量特点不同分为
    - 数量指标
    - 质量指标
  - 按指标的数值表现形式不同分为
    - 总量指标
    - 相对指标
    - 平均指标

(1)统计指标按其反映现象的数量特点不同，分为数量指标和质量指标。

(2)统计指标按其数值表现形式不同，分为总量指标、相对指标和平均指标。

(二)指标体系

统计指标体系是由一系列相互联系的统计指标所组成的有特定功能的整体。由于社会经济现象是由人类的各种活动组成的多层次、多系统的有机整体，其中包含着社会生活领域的各种现象，单个指标只可以反映其中的某一现象或现象的某一方面，要全面认识社会，就必须建立统计指标体系，因此说统计指标体系比统计指标更重要。

统计指标体系是一个内容丰富而广泛的范畴，它可以从许多角度分类。例如，按照指标体系的应用范围可以分为国家、地区、部门和基层单位统计指标体系；按照统计指标的内容不同可以分为经济、社会、科技指标体系；按照研究范围的不同可以分为综合指标体系和专题指标体系。

第三节　统计研究的基本方法

统计研究的基本方法按统计研究对象特征分为大量观察法、统计分组法、综合指标法、统计模型法、归纳推断法，下面分别加以说明。

1. 大量观察法

统计研究社会经济现象的过程、规律，是从现象总体上加以考察的，就总体中的全部或足够多数的单位进行调查、观察，并加以综合研究，这种调查方法称为大量观察法。只有通过对大量现象的观察，才能认识总体数量特征的规律性。大量观察法的数理根据是大数定律。

2. 统计分组法

统计分组法是根据事物内在的性质和统计研究任务的要求，将总体各单位按照某种标志划分为若干个性质不同的组成部分的一种研究方法。例如，划分现象的类型等。

3. 综合指标法

综合指标法是运用各种统计综合指标来反映和研究社会经济现象总体的一般数量特征和数量关系的研究方法。

4. 统计模型法

统计模型法是根据一定的经济理论和假定条件,用数学方程去模拟现实经济现象相互关系的一种研究方法。利用这种方法可以对社会经济现象和过程中存在的数量关系进行比较完整和近似的描述,从而简化了客观存在的复杂的其他关系,以便于利用模型对社会经济现象的变化进行数量上的评估和预测。统计模型包括三个基本要素:社会经济变量、基本关系式、模型参数。

5. 归纳推断法

在统计研究过程中,从观察总体中各单位的特征,并由此得出关于总体相应特征的判断。这种从个别到一般,从事实到概括的推理方法,从逻辑上称为归纳推断法。例如抽样推断法。

课堂练习

一、单项选择题

1. 社会经济统计的研究对象是 （　　）

A. 抽象的数量关系

B. 社会经济现象的规律性

C. 社会经济现象的数量特征和数量关系

D. 社会经济统计认识过程的规律和方法

答案:C。

2. 标志是说明总体单位特征的名称,标志值是标志的数值表现,所以 （　　）

A. 标志值有两大类,品质标志值和数量标志值

B. 品质标志和数量标志都具有标志值

C. 品质标志才有标志值

D. 数量标志才有标志值

答案:D。

二、多项选择题

在全国人口普查中 （　　）

A. 全国所有人口数是总体
B. 每一个人是总体单位
C. 人的年龄是变量
D. 全部男性人口的平均寿命是统计指标
E. 某人的性别为“女性”是一个品质标志
答案:BCD。

三、填空题

统计总体的基本特征是________、________和________。
参考答案:大量性、同质性、变异性。

四、简答题

简述统计标志和指标的关系?
参考答案:标志和指标既有区别,又有联系。
标志与指标的区别:
(1)标志是说明总体单位属性或特征的名称,而指标是说明总体数量特征的名称。
(2)标志有只能用文字说明的品质标志和可以用数值表示的数量标志两种,而指标都能用数值表示。
标志与指标的联系:
(1)有许多统计指标的数值是由总体单位的数量标志值汇总而来的。
(2)由于总体和总体单位是可变的,则说明总体的指标和反映总体单位的标志之间也存在着变化关系。

思考题

1. 简述统计学与其他学科的关系。
2. 什么是统计学的研究对象?它有什么特点?
3. 统计研究的基本方法是什么?
4. 简述标志和指标的关系。
5. 什么是变量和变量值?
6. 什么是统计指标体系?为什么统计指标体系比统计指标更重要?
7. 什么是连续变量和离散变量?如何判断?

第二章　统计调查

学习要点

通过对本章的学习，要求掌握以下内容：

1. 统计调查的概念和种类；

2. 设计统计调查方案的步骤及其方法；

3. 统计调查的各种分类，把握常见的几种统计调查方法及特点，并了解它们的应用领域。

统计工作的最终目的是进行统计分析，为管理决策提供实证依据。在分析之前，统计调查是一个不可或缺的基础性工作，也是统计工作的第一阶段。统计学研究的对象是客观事物的量的方面，因此，在进行统计分析之前，首先必须收集描述客观事物特征的数据。

第一节　统计调查的概念和种类

一、统计调查的概念

统计调查就是按照预定的统计任务的要求，运用各种科学的统计调查方法，有组织、有计划地向社会实际收集反映总体各单位标志特征的原始数据资料的过程。

统计调查的资料有原始资料和次级资料两种。

原始资料是指直接向调查对象收集来的未经任何加工整理的资料。次级资料是指已经加工整理的资料。

统计调查在统计工作中处于基础阶段，它是决定整个统计工作质量的重要环节。统计调查的质量直接关系着统计整理的质量和统计分析结果的正确性。

二、统计调查资料的来源

统计调查资料的来源主要有以下两条途径：

(1)通过直接调查获得的原始数据,没有经过汇总整理,这是统计资料的直接来源,称为原始资料,也叫第一手资料。

(2)通过对别人调查的数据,经过加工汇总后公布的资料,称为次级资料,也叫第二手资料。

三、统计调查的基本要求

为了保证统计调查资料的质量,使其结果能正确反映客观事物,为预测、决策和搞好经营管理提供科学的依据,统计调查必须达到:准确性、及时性和完整性的要求。

1. 准确性

准确性是指如实反映客观实际情况,这是保证统计资料质量的首要环节,准确性是统计工作的生命。

2. 及时性

及时性即有效性,要求按照统计调查方案规定的时间如期提供统计资料。

3. 完整性

完整性是指调查单位不重复、不遗漏,所列调查项目的资料收集齐全。

四、统计调查的种类

根据不同情况,统计调查可以分为以下种类。

统计调查的种类
- 按调查对象包括的范围不同分为
  - 全面调查
  - 非全面调查
- 按调查登记的时间是否连续分为
  - 经常性调查
  - 一次性调查
- 按调查的组织方式不同分为
  - 统计报表
  - 专门调查
- 按收集资料的方法不同分为
  - 观察法
  - 访谈法
  - 实验法
  - 报告法

(一)全面调查和非全面调查

按照调查对象包括的范围不同,统计调查分为全面调查和非全面调查。

1. 全面调查

全面调查是指对调查对象中的全部单位无一例外地都进行登记或观察。例如普查和全面统计报表等。

2. 非全面调查

非全面调查是指对调查对象中的一部分单位进行调查登记或观察。例如，重点调查、典型调查、抽样调查等。

(二)经常性调查和一次性调查

按照调查登记的时间是否连续，可以分为经常性调查和一次性调查。

1. 经常性调查

经常性调查是指按照研究对象的不断变化而连续不断地进行登记或观察，以反映事物在一定时期内的全部发展过程。

2. 一次性调查

一次性调查是指对被调查对象在某一时刻上的状况进行一次性的登记，以反映事物在一定时点上的发展水平。

(三)统计报表和专门调查

按照调查的组织方式不同，可以分为统计报表和专门调查。

1. 统计报表

统计报表是依据国家法律按照统一的规定、表式、上报时间、上报内容、计算方法和上报程序，由基层单位自下而上逐级向上级和国家定期提供统计资料的一种报告制度。

2. 专门调查

专门调查是根据研究目的专门组织的调查。例如，普查、重点调查、典型调查、抽样调查等。

(四)观察法、访谈法、实验法与报告法

1. 观察法

调查者通过实际观察事情发生的经过和结果，得到自己所需要的资料。

2. 访谈法

调查者采用各种询问的方式向被调查者了解有关情况的一种方法。访谈法包括：面谈询问法、邮寄法、留置问卷法、电话法。

3. 实验法

控制一个或几个变量，调查另一个变量有关资料的方法。

4. 报告法

被调查单位按照统一要求和表格形式，向有关部门提供统计资料的方法。

第二节　统计调查方案

一、制订统计调查方案的必要性

统计调查是一种复杂的工作，尤其是大型调查，其涉及面广、涉及人员多，要使调查圆满完成，无论采用什么样的调查方式，都要事先设计一个完整、周密的调查方案。设计调查方案是统计设计与统计调查阶段的具体化，它是保证调查顺利进行的前提。

二、统计调查方案的主要内容

一个完整的统计调查方案应该包括以下基本内容。

（一）确定调查目的和任务

制订调查方案的首要问题是明确调查的目的和任务。不同的研究目的和任务，决定着不同的调查内容和范围。目的不明，任务不清，就无法确定向谁调查、调查什么及怎样调查等问题，整个调查工作就会陷入盲目混乱之中，造成人力、财力和物力的浪费。

（二）确定调查对象、调查单位和报告单位

1. 调查对象

调查对象是指在某项调查中需要进行调查研究的现象的总体。它由许多性质相同的个别单位组成。

2. 调查单位

调查单位是指在某项调查中登记其具体特征的单位，即调查单位是调查标志的承担者。

3. 报告单位（填报单位）

报告单位是指负责报告调查内容的单位。

调查单位和报告单位两者是有区别的，有时一致，有时不一致。例如，在研究全国工业企业生产经营情况时，调查对象（统计总体）是全国所有的工业企业，调查单位（总体单位）是每一个工业企业，此时调查单位与报告单位两者一致；又如，在进行工业设备普查时，调查对象（统计总体）是全国工业企业的所有设备，调查单位（总体单位）是每一台设备，报告单位是每一个工业企业，这时，调查单位与报告单位两者不一致。

（三）确定调查项目，拟订调查表

1. 确定调查项目

调查项目即调查标志，就是调查中所要登记的调查单位的特征，即向被调

查单位登记什么内容。

2. 拟订调查表

将反映总体单位特征的调查项目,按照一定的顺序排列在表格上,就构成了调查表。

(1)表头、表体和表脚。表头是指调查表的名称和填报单位的名称、地址、性质、隶属关系、规模等,是复查、核实调查内容时不可缺少的内容。表体是调查表的主要部分,包括调查项目的名称及其具体表现、栏号、计量单位等。表脚包括填报单位、填报人的签名、填报日期等,以便明确责任,发现问题时也便于查询。

(2)单一表和一览表。单一表是指在一份调查表上只登记一个调查单位的内容。单一表适宜调查项目较多时使用。一览表是指在一份调查表上登记许多个调查单位的项目。一览表适宜调查项目较少时使用。

3. 调查问卷设计的基本技术

调查问卷是用来收集调查数据的一种工具,是调查者根据调查目的、调查范畴及调查的具体要求来设计的,由一系列问题、备选答案、说明以及编码等要素组成的一种调查方式。调查问卷的结构一般包括开头部分、甄别部分、主题部分等。

(1)开头部分:该部分包括问候语、填表说明等。

(2)甄别部分:该部分是被调查人的筛选与过滤部分,通过甄别问卷可针对特定的被调查者进行调查。

(3)主体部分:该部分是调查问卷的核心内容,包括了所要调查的全部问题,主要由问题和答案组成。

调查问卷的问题设计可以包括封闭性问题和开放性问题两类,前者问卷设计者需要提供备选答案供被调查者选择,后者问卷由被调查者自主提供问题的答案。以下是关于某大学校车服务质量的问卷调查。

关于某大学校车服务质量的问卷调查(统计数据)

各位老师、同学:

大家好!

校车是我校师生往返于分校区与本部之间最重要的交通工具,校车服务质量与师生利益息息相关。我们正在进行一次问卷调查,希望能更好地了解校车的服务现状。此问卷为匿名填写,请根据实际情况填写,感谢您在百忙之中抽出时间协助我们的调查!

本问卷分为五部分,大约花费 5 分钟时间,再次谢谢您的耐心填写!

问卷甄别信息部分

性别：男(　　)　　　　　　女(　　)。

您是：教工(　　)　　　　　学生(　　)。

第一部分：服务调查

1. 您认为校车司机对于乘客们的态度如何？

A. 很差(　　)　　B. 一般(　　)　　C. 好(　　)

2. 您认为司机和售票员在维持上车秩序时态度如何？

A. 很差(　　)　　B. 一般(　　)　　C. 比较和蔼(　　)

3. 您认为校车在行驶过程中(安全前提下)应该更加注重什么？

A. 速度(　　)　　B. 平稳(　　)

4. 您认为校车在行驶过程中是否需要播放广播、音乐或者电影电视节目？

A. 有必要(　　)　　B. 没必要(　　)

5. 您认为司机和售票员没有尽到的职责是什么？他们还需要做些什么工作？

第二部分：价格调查

1. 您觉得持有校园卡或者教工卡支付的校车车费的价格(6 元)合理吗？

A. 合理(　　)　　B. 不合理(　　)

C. (那么您觉得合理的范围为 ________)

2. 您觉得用现金支付校车车费的价格(10 元)合理吗？

A. 合理(　　)　　B. 不合理(　　)

C. (那么您觉得合理的范围为 ________)

3. 您觉得有必要为校车设置月票形式的收费吗？

A. 非常有必要(　　)　　B. 有点必要(　　)　　C. 没有必要(　　)

4. 如果我们采用月票形式，您觉得多少钱合适？

A. 50 ~ 100 元(　　)　　B. 100 ~ 150 元(　　)　　C. 150 ~ 200 元(　　)

5. 如果后勤处增加班次和发车频率，您觉得应该为此而增加收费吗？

A. 应该，因为考虑到学校财政的问题(　　)

B. 不应该，因为考虑到这是学校的公共产品，应该为学生服务(　　)

C. 无所谓(　　)

D. 其他(请注明)

6. 您是否支持非本校人员乘坐校车？

A. 支持(　　)　　B. 无所谓(　　)　　C. 不支持(　　)

7. 关于非本校人员乘坐校车的收费问题，您有什么看法？

第三部分：设备问题

1. 您觉得校车车型设计如何？

A. 实用美观，符合学校形象(　　)　B. 设计大众化，毫无新意(　　)

C. 一般，对车型没什么特别感觉和要求(　　)

2. 您认为窗户是否应设计成可开动窗户？

A. 应该(　　)　B. 不应该(　　)　C. 无所谓(　　)

3. 您认为校车上的窗帘是否能满足需要？

A. 基本完好，可以遮挡阳光(　　)　B. 部分损坏，无法满足需要(　　)

C. 很少使用，不太关注(　　)

4. 您是否注意到车厢内有无逃生锤？

A. 有(　　)　B. 没有(　　)　C. 不了解(　　)

5. 您注意到车上有无灭火器吗？

A. 有(　　)　B. 没有(　　)　C. 不了解(　　)

6. 您认为车内是否有必要配备晕车药和塑料袋？

A. 有(　　)　B. 没有(　　)　C. 无所谓(　　)

7. 您是否认为校车上应安装车载视频设备？

A. 应该(　　)　B. 不应该(　　)　C. 无所谓(　　)

8. 您认为若校车上安装车载视频可以吗？

A. 消磨时间(　　)　B. 获得信息(　　)

C. 很新鲜(　　)　D. 其他

9. 对于改善校车的设备，您有什么好的建议？

第四部分：调度问题

1. 在节假日或期末时是否希望了解实时的班车发车情况，例如等待中的人数？

A. 希望(　　)　B. 对自己无影响(　　)

2. 您觉得现在每天发车班次是否适合？

A. 太多了(　　)　B. 不太够(　　)

C. 较少乘车，无所谓(　　)

3. 您认为有无必要在周一至周五现有基础上增发分校区到本部之间的校车？

A. 有(　　)　B. 无(　　)

C. 如果有必要，那么您希望是几点左右(　　)

4. 您认为有无必要在周末晚上增发本部至分校区的校车？

A. 有(　　)　B. 无(　　)

C. 如果有必要，那么您希望是几点左右(　　)

5. 您是否经常遇到因为乘车人数过多而未能搭乘上校车的情况?

A.经常(　　)　　B.偶尔(　　)　　C.很少(　　)

6. 您认为能够忍耐等车的时间为:

A. 15 分钟(　　)　　B. 30 分钟(　　)

C. 1 小时(　　)　　D. 视情况而定(　　)

7. 您通常在哪个时段乘坐校车?(例如周五晚上)

第五部分:时间安排

1. 您对校车发车时间安排的总体满意度是什么?

A. 非常满意(　　)　　B. 一般(　　)　　C. 不满意(　　)

2. 您认为周一到周五从本部到分校区最早的一班校车发车时间应该是几点?

A. 6:00(　　)　　B. 6:30 (　　)

C. 7:00(　　)　　D. 8:00 (　　)

3. 您在节假日等待校车时间最长的一次是多长时间?

A. 40 分钟(　　)　　B. 1 小时 (　　)

C. 1 个半小时 (　　)　　D. 两个小时或者以上(　　)

4. 您往返分校区与本部之间,乘坐校车最久的一次时间是多长?

A. 1 小时左右 (　　)　　B. 1 个半小时左右(　　)

C. 2 小时以上(　　)

5. 请您对校车的发车时间提出您的宝贵建议和意见。

____

____。

(四)确定调查时间和期限

1. 调查时间

调查时间是指调查资料所属的时间,时点现象要规定统一的标准时点,时期现象要明确规定所属资料的起止时间。

例如,2011 年全国钢产量为 6.9 亿吨,则 2011 年为调查时期;又如,2011 年末全国人口总数 134 735 万人,则 2011 年末为调查时点。

2. 调查期限

调查期限是指进行整个调查工作的时限,也就是从什么时间开始到什么时间结束。例如,2011 年全国钢产量为 6.9 亿吨的资料要求在 2012 年 1 月 15 日报出,则调查期限为 15 天。又如,2011 年末全国人口总数 134 735 万人的资料要求在 2012 年 1 月底报出,则调查期限为 1 个月。

(五)制订调查的组织实施计划

调查的组织实施计划是指对人力、财力、物力的统筹安排问题。例如,调查人员的培训、调查经费的预算开支办法和调查的各种物质准备等。

第三节　统计调查方法

一、统计调查方法

（一）抽样调查

1. 抽样调查的概念

抽样调查是一种非全面调查，它是按照随机原则从调查现象中抽取一部分单位作为样本进行观察，然后依据所获得的样本资料，对总体的数量特征作出具有一定可靠程度的估计和推算。抽样调查又称概率调查。例如，对某灯泡厂生产的 10 000 只灯管进行耐用时数的检验。

2. 抽样调查的特点

（1）按照随机原则选取调查单位。所谓随机原则是指抽选被调查单位时，不受任何主观因素的影响，客观的使总体中每一个单位都有相同的中选或不中选的可能性，以保证入选单位的代表性。按照随机原则的遵循程度、抽样组织方式和方法及个体被抽中概率是否相等，可对概率调查进行不同的分类。

（2）抽样调查的目的在于根据部分单位的实际资料对总体的数量特征做出估计（根据样本指标来推断总体指标）。

（3）抽样误差可以事先计算并且加以控制。抽样调查的结果存在抽样误差，但此误差可以事先计算出来，并可以控制在一定的范围内。

（4）抽样调查是运用概率估计的方法。

3. 抽样调查的优越性

抽样调查方法与其他形式的统计调查方法相比具有明显的优越性，我们可以从统计调查的成果以及所付出的代价两个方面来分析。普查和全面统计报表都是全面调查，可以得到对总体数量特征的认识，但是组织工作难度很大，所付出的代价也很大。重点调查和典型调查都是非全面调查，具有组织工作相对容易，所付出的代价较少的特点，但是却难以达到对总体数量特征的具体认识。只有抽样调查既具有组织工作相对容易的特点，又能达到认识总体数量特征的目的。抽样调查的优越性可以归纳为以下四个方面：

（1）经济性。由于抽样调查的调查单位少，调查范围比较集中，调查的工作量大大减轻，从而可以节省人力、财力、物力。

（2）实效性。抽样调查组织专业队伍，深入现场直接取样，可以减少中间环节，并且调查的单位少，提高了调查的实效性，满足了领导决策和经济管理的需要。

(3)准确性。由于抽样调查是按照随机原则选取调查单位,排除了主观因素的影响,使样本具有较高的代表性,并且抽样误差可以通过科学方法加以控制,调查结果比较准确可靠。

(4)灵活性。抽样调查组织方便灵活,调查项目可多可少,调查范围可大可小,既适用于专题研究,也适用于经常性调查。

4. 抽样调查的作用(应用场合)

(1)对于不可能或不必要进行全面调查的场合,抽样调查具有其独特的作用。例如,产品的破坏性检验、农产量抽样调查、城市职工家庭调查等。

(2)抽样调查和全面调查相结合,可以验证和补充修正全面调查的资料、数据。例如,人口普查前后组织的人口抽样调查。

(3)利用抽样方法进行生产过程的质量控制。

(4)抽样方法可以用来检验总体特征的某些假设,判断假设的真伪,为行动决策提供依据。

(二)普查

1. 普查的概念

普查是一种专门组织的一次性全面调查。它是用来调查属于一定时点上的社会经济现象总量。例如,全国人口普查、全国工业普查、全国农业普查等。

普查的主要作用在于掌握某些关系到国情国力的重要数据,为党和政府制定重大方针政策、编制国民经济长远规划提供依据。例如,我国第五次人口普查资料等。

2. 普查的特点

(1)普查是全面性调查,主要用来反映国情国力的基本状况。

(2)普查是一次性调查,主要用来调查时点现象的资料(但也不排斥时期现象的资料)。

普查往往涉及面广,资料要求细,需要耗费较多的人力、财力、物力和时间。一般不宜多采用。

3. 普查的组织形式

普查的组织形式基本上有两种:

(1)组织专门的普查机构,配备一定数量的普查人员,对调查单位直接登记。

(2)利用被调查单位的原始记录和核算资料,由调查单位发放一定的调查表格,被调查单位填报。

4. 普查的原则

为了取得准确的统计资料,保证普查工作的顺利进行,普查应遵循以下原则:

(1)规定统一的标准时间。如果收集的是时点数据的资料,必须规定一个标准时点,以避免由于现象的时空变动而使调查资料出现重复或遗漏。例如,我国第五次人口普查的标准时点为 2000 年 11 月 1 日 0 时,普查资料反映的是在这一时点上的我国的人口状况。

(2)尽可能在短期内完成登记工作。普查工作在规定的调查范围内要同时进行,并且尽可能在最短的时间内完成,以便在方法和步骤上保持一致,减少误差。

(3)普查应尽可能按一定的周期进行,便于在历史普查资料对比中研究现象发展变化的规律和趋势。

(4)统一规定调查项目。历次普查的调查项目要尽可能保持相对稳定,并按一定的周期进行,这有利于动态对比。

以下是我国人口的普查情况:

(1)人口普查情况。第一次人口普查,1953 年 6 月 30 日 24 时,调查 4 项内容,即姓名、性别、年龄和民族。第二次人口普查,1964 年 6 月 30 日 24 时,内容增至 9 项。第三次人口普查,1982 年 7 月 1 日 0 时.第四次人口普查,1990 年 7 月 1 日 0 时,内容有 15 项。第五次人口普查,2000 年 11 月 1 日 0 时。第六次人口普查,2010 年 11 月 1 日 0 时。

(2)1977 年全国职工人数普查。

(3)1978 年全国科技人员普查。

(4)1993 年全国首次第三产业普查,第二次普查时间为 2003 年。

(5)1996 年全国首次农业普查。第二次农业普查的标准时间是 2006 年 1 月 1 日至 12 月 31 日,标准时间是2006年 1 月 31 日 24时 。

(6)全国工业普查情况:在 1950 年、1986 年、1995 年我国进行了三次全国工业普查。

(7)2004 年开展第一次全国经济普查,2008 年开展了第二次。

(8)全国基本单位普查在 1996 年、2001 年进行了两次。

(三)统计报表

1. 统计报表的概念

统计报表是以原始记录为依据,按照国家统一规定的表格形式、统一规定的指标内容、统一的报送程序和报送时间,由基层单位自下而上逐级向上级和国家定期提供统计资料的一种报告制度。统计报表制度是我国一种主要的收集社会经济统计资料的调查方法。其优点在于能及时全面地掌握多层次的统计信息,但是它要花费较大的人力、物力和财力,而且资料的准确性受人为因素的影响很大。所以应将统计报表与专门调查等方法结合起来运用。

2. 统计报表的特点

统计报表具有统一性、全面性、经常性和相对可靠性的特点。

注意:统计报表与普查的区别和联系。

（四）典型调查

1. 典型调查的概念

典型调查是根据调查目的，在对总体进行全面分析的基础上，有意识地从中选择具有代表性的若干典型单位进行调查。典型调查用以概括说明同类现象发展变化的一般情况及趋势。

2. 典型调查的特点

(1)有意识地选择典型单位进行调查。

(2)调查目的是为了认识事物的本质和一般规律。

(3)在某种场合也可以从数量上推断总体，但不能计算推断误差。

3. 典型单位的选择

典型调查的关键是选择典型单位，应根据具体的调查目的选择典型单位。

(1)如果是为了近似地估算总体的数值，可以在了解总体大致情况的基础上，把总体分成若干类型，从每一类型中按其在总体中所占比例，选出若干典型单位。

(2)如果是为了了解总体的一般数量表现，可以选择中等水平的典型单位进行调查。

(3)如果是为了研究成功的经验或失败的教训，则可以选择先进的典型和后进的典型，或选择上、中、下各类典型，进行比较，然后确定几个典型单位。

（五）重点调查

1. 重点调查的概念

重点调查是指从总体中选择出一部分标志值占总体绝大多数比重的重点单位进行的调查，以了解总体的基本情况。例如，要了解我国钢铁生产的基本情况，只要调查“宝钢”“首钢”“武钢”“鞍钢”等大型钢铁企业，就可以掌握我国钢铁生产的基本情况，这些大型钢铁企业的总产量占所有钢铁企业总产量的绝大多数比重。

2. 重点调查的特点

(1)选择重点单位进行调查。重点单位通常具备如下条件：一是这部分单位数占总体单位数要很小；二是在调查标志中，这部分单位的标志值总量要占总体总量的绝大多数比重。

(2)反映总体的基本情况

重点调查既可以用于经常性调查，也可用于一次性调查，当只要求掌握调查对象的基本情况且在总体中确实存在重点单位时，进行重点调查是适宜的。但是由于重点单位与一般单位差异较大，重点单位调查资料不宜推算总体。

二、统计调查方法体系

以上各种调查方法各有其特点和适用范围，在实际工作中要结合运用多种

调查方法,形成统计调查方法体系。这是因为:

(1)各种调查方法有其各自的特点和适用场合,但是它们彼此间并不互相排斥;

(2)客观现象的复杂性决定了必须用多种调查方法才能取得所需要的资料;

(3)各种方法的局限性也决定了只有多种调查方法相互结合,才能相互弥补。

第四节 统计调查误差及其防止

一、统计调查误差的概念

统计调查的误差是指调查结果所得的统计数字与调查总体实际数量表现的差别。

二、统计调查误差的种类

统计调查误差有两种:登记性误差和代表性误差。

(一)登记性误差

登记性误差又称调查误差,它是在调查过程中各个环节上造成的误差。有计算错误、记录错误、计量错误、抄录错误等。此种误差从理论上讲是可以避免的。

(二)代表性误差

代表性误差是指由于不同的随机样本造成的误差,它又分为系统性误差和抽样误差两种。

1. 系统性误差

系统性误差又称偏差,是由于从总体中抽取调查单位时违反随机原则而造成的误差。

2. 抽样误差

抽样误差是指偶然性的代表性误差。在抽样调查中,即使严格按照随机原则抽取调查单位,也不可避免地造成误差,这是由于抽样中的不同随机样本造成的。

三、统计调查误差的防止

正确制定统计调查方案,严格、切实地抓好调查方案的贯彻执行工作。具体做到以下几个方面:

(1)加强对统计人员的知识技能培训。

(2)扎实地搞好统计基础工作。

(3)在调查过程中加强对数字填报质量的检查工作。

课堂练习

一、单项选择题

1. 对一批商品进行质量检验,最适宜采用的调查方法是 (　　)

A. 全面调查　　B. 抽样调查　　C. 典型调查　　D. 重点调查

答案:B。

2. 对全国各铁路交通枢纽的货运量、货物、种类等进行调查,以了解我国铁路的货运量的基本情况和问题,这种调查方式属于 (　　)

A. 普查　　B. 抽样调查　　C. 典型调查　　D. 重点调查

答案:D。

二、多项选择题

1. 我国第六次人口普查的标准时间是2010年11月1日0时,下列情况应统计人口数的有 (　　)

A. 2011年10月30日死亡的人

B. 2011年10月30日出生的婴儿

C. 2011年11月1日1时死亡的婴儿

D. 2011年11月2日出生的婴儿

E. 2011年10月31日19时出生,于11月1日6时死亡的人

答案:BCE。

2. 下列情况的调查单位和报告单位不一致的是 (　　)

A. 工业企业生产设备调查　　B. 人口普查

C. 农产量调查　　D. 企业现状调查

E. 城市零售商店销售情况调查

答案:ABC。

三、填空题

统计调查按调查对象所包括的范围,可分为________调查和________调查。

答案:全面、非全面。

四、简答题

简述抽样调查、重点调查和典型调查的主要区别。

参考答案:抽样调查、重点调查和典型调查都是专门组织的非全面调查,但它们在以下方面存在着较大的区别:

(1)选取调查单位的方式不同。重点单位的选取是根据重点单位的标志总量是否占全部单位标志总量的绝大比重这一标准来确定的,这一标准是客观存在的;抽样单位是按随机原则从全部单位中抽选出来的;典型单位是在总体情况分析的基础上有意识选取出来的。

(2)调查目的不同。重点调查的目的是通过对重点单位的调查,掌握总体的基本情况和基本趋势;抽样调查的目的则是通过对部分单位的调查结果来推算总体的数量特征;作为统计意义上的典型调查,其目的是了解和推断同类事物。

(3)推断总体的准确性和可靠程度不同。抽样调查在给定概率和误差范围的条件下,可保证推断的准确性和可靠性;典型调查难以保证推断结果的准确性和可靠性,误差既不知道又不能控制;重点调查不能推断总体的情况。

思考题

1. 什么是经常性调查和一次性调查?
2. 简述统计调查方案的主要内容。
3. 普查与统计报表均为全面调查,两者能否相互替代?为什么?
4. 简述三种非全面调查的主要区别。
5. 什么是抽样调查?它有哪些特点和作用?
6. 在统计工作中为什么要强调多种调查方法的结合运用?
7. 如何对统计调查误差进行分类?
8. 调查单位与填报单位有何区别和联系?

第三章　统计整理

学习要点

通过对本章的学习，要求掌握以下内容：

1. 统计整理的概念、意义和内容；

2. 统计分组的概念、原则、方法和作用，了解分组的类型，尤其是要掌握统计分组办法；

3. 分配数列及统计表的概念和编制方法，注意组距数列中的一些基础知识；

4. 统计表的构成和制表、填表规则，且重在运用计算机进行数据资料的处理和图表的制作。

统计整理是由分散资料向条理化资料过渡的过程。当通过统计调查获得统计数据后，需要根据研究目的和特点对数据进行加工整理，这是统计工作的第二阶段。本章介绍了统计整理的基础性知识，包括统计分组、次数分布、统计表等。

第一节　统计整理的一般问题

一、统计整理的概念和作用

（一）统计整理的概念

统计整理是根据统计研究的目的，将统计调查所获得的大量原始资料，进行科学的分类和汇总，使之条理化、系统化，得出能反映现象总体特征的综合资料的工作过程。例如，某班 50 名学生，调查学生的考分资料如下：

77　65　83　56　68　70　99　65　73　72　88　60　74　63　71　84　62

52 80 78 84 79 81 64 58 82 76 62 73 75 89 79 61 65

54 92 86 73 68 51 69 64 78 63 76 68 72 77 81 76

上述这些考分(原始资料)的特点是零星分散、不系统、无规律,不能反映学生总体的学习情况。经分组整理后可得到表3-1。

表3-1 学生按考试分数分组

学生按考分分组(分)	考生人数(人)
60以下	5
60~70	15
70~80	18
80~90	10
90~100	2
合 计	50

由表3-1可见,整理后的学生考分资料,较整理前的考分资料明显地有条理,在总体学生中,60分以下和90分以上的学生人数都较少,绝大多数学生的考分分布在60~89分之间。

(二)统计整理的作用

统计整理是统计调查的继续,是统计分析的前提,它实现了从个别单位的标志表现(标志值)向总体综合指标的过渡,在统计研究中起着承前启后的重要作用。

二、统计整理的步骤

统计整理的步骤有以下几点:

(1)制定整理方案(汇总方案)。根据研究任务的要求选择应整理的指标,并根据分析任务的需要确定个体的分组。

(2)对调查资料进行审核和订正。审核方法有逻辑检查和计算检查。对收集的各类统计资料,在整理时首要的工作就是对资料的准确性和完整性进行审查。

①准确性审查:主要审查统计调查过程中的误差。统计误差通常可分为两类:一是登记误差,即记录、计算、汇总等过程发生的误差,以及虚假、瞒报等作假造成的误差;二是随机误差,即抽样推断系统产生的代表性误差。代表性误差是可以控制的,所以我们审查的重点是前一种情况产生的误差,也就是因统计人员素质产生的登记误差。其检查方法有两种,即逻辑性检查和技术性检查。

逻辑性检查是用来检查各资料的内容是否合理,有关项目之间是否存在矛盾的方法。这就要求检查人员要有高度的责任感、实事求是的思想品德,并要熟悉内容情况,有熟练的业务能力。

技术性检查主要包括:填报有无遗漏或重复;调查项目是否填全,内容是否合规,有无错行、错栏的情况;计量单位是否正确;合计、乘除法计算是否正确等。

②完整性审查:主要是检查应调查的单位有无遗漏,所调查的内容是否齐全,是否有未按时报送的资料等。

注意:在审核过程中,当遇到数据缺失、无效或不一致时,要进行数据插补。数据插补有很多方法,例如,推理插补、均值插补、比率/同期插补、最近邻值插补等。

(3)进行统计分组(分类)并进行编码。

(4)进行统计汇总,即计算各组和总体总量。

(5)编制统计表,绘制统计图,显示整理结果。

第二节　统计分组

一、统计分组的概念及作用

(一)统计分组的概念

统计分组是根据现象总体内在特点和统计研究任务的要求,将总体按照一定标志划分为若干性质不同又有联系的组成部分的一种统计办法。

例如,房地产市场按组成要素分组,可分为:工地使用市场、房产市场、房地产资金市场、房地产劳务市场、房地产技术信息市场。学生按考分分组,可分为:60 分以下(不及格),60 ~ 70 分(及格),70 ~ 80 分(中等),80 ~ 90 分(良好)和 90 ~ 100 分(优秀)。

统计分组的目的在于揭示现象之间存在的差别,要保持同一组内统计资料的同质性和各组间统计资料的差异性。统计分组有两个方面的含义:对总体而言是分,即将总体区分为性质不同的若干组成部分;对总体单位而言是合,即将性质相同的总体单位合为一组。

所以,统计分组是在总体内部进行的一种定性分类,它客观上把总体分为一个性质不同、范围更小的总体。

(二)统计分组的作用

(1)划分现象的类型。

(2)反映现象的内部结构。

(3)分析现象之间的依存关系。

二、选择分组标志的原则

1. 必须根据统计研究的目的选择分组标志

对同一事物由于研究目的的不同,选择分组标志也不同。例如,研究乡镇企业规模大小，就要按照职工人数、产值等能够反映企业规模的标志分组。如果研究各种类型的金融组织在金融交易中的作用，就要按交易手段等标志进行分组。

2. 必须选择能够反映现象本质的分组标志

在大量总体单位所具有的许多标志中，有的标志能够反映现象的本质，有的标志则不能，必须按照事物的内在联系选择最能够反映现象本质的标志进行分组，这才是科学的分组。例如，研究社会经济类型时，要抓住事物的本质，首先可选择按所有制进行分组。

3. 要结合现象所处的具体历史条件选择分组标志

现实中的许多事物，特别是社会经济现象是随着时间、地点、条件的不同而经常发生变化。同一分组标志在过去适用，现在就不一定适用，在这一场合适用，在另一场合就不一定适用。因此，要对具体事物作具体分析。例如，企业按规模分析，在技术比较落后的条件下，一般是按职工人数来划分的，而在技术装备比较先进的条件下，则要采用固定资产的价值或生产能力来划分。总之，历史条件发生变化，分组标志也要随着变化。

三、统计分组的种类

统计分组的种类

- 按分组标志的性质分为
  - 品质标志分组
  - 数量标志（变量）分组
- 按分组标志的多少分为
  - 简单分组
  - 复合分组

（一）按分组标志的性质分类

统计分组按分组标志的性质可分为品质标志分组和数量标志（变量）分组。

（二）按分组标志的多少分类

统计分组按分组标志的多少可分为简单分组和复合分组。

1. 简单分组和平行分组体系

(1) 简单分组是将总体按一个标志分组。例如表 3－1。

在实际工作中，简单分组很难满足多方面的要求，而从不同角度，运用多个分组标志进行分组，形成一个分组体系，是多角度认识事物的途径。

(2) 平行分组体系是对同一总体采用两个或两个以上的分组标志分别进行的简单分组。例如，某企业职工分别按工龄、技术等级和操作形式分组，就形成了一个平行分组体系。

平行分组体系的特点：每次分组只能区分一个因素对差异的影响。例如，对全国工业企业总体分别按经济类型和行业类型分组，便形成一个平行分组体系，见表 3－2 及表 3－3。

表 3－2　企业按经济类型分组

企业按经济类型分组	企业数(个)
国有企业 集体企业 股份合作企业 股份制企业 外商及港澳台投资企业	
其他企业	

表 3－3　企业按行业类型分组

企业按行业分组	企业数(个)
机械工业 电子工业 纺织工业 冶金工业 煤炭工业 汽车工业 ……	
合　　计	

2.复合分组和复合分组体系

(1)复合分组是指对同一总体按两个或两个以上的分组标志重叠起来进行分组。例如，可以同时选择学科、专业、性别等分组标志对高校在校学生进行分组。

(2)复合分组体系是指对同一总体按两个或两个以上的分组标志重叠起来进行分组,形成的树型结构分组体系。建立复合分组体系,应根据统计研究目的的要求,确定分组标志的主辅顺序,先按主要标志对总体进行第一层次分组,再按辅助标志在第一层次分组的基础上进行第二层次分组,各组可以按相同的分组标志,也可以按不同的分组标志继续分组,直至最后一层为止。

复合分组体系的特点:有几次分组就能同时区分几个因素对差异的影响。例如,对某学生总体按年级、性别分组所形成的复合分组体系,见表 3－4。

表 3－4　学生按年级与性别分组

学生按年级性别分组		学生数(人)
一年级	男生	
	女生	
二年级	男生	
	女生	
合　计		

四、统计分组的方法

(一)按品质标志分组

一般而言,按品质标志分组多适用于定类尺度或定序尺度测定的事物,其较为明确,分组也相对稳定。例如,人口按性别分为男、女两组,这样的分组就很简单明了。但是有的分组标志的表现却比较复杂,存在着不同性质的过渡,使分组现象不易划分。例如,产品按用途分组,工业部门的细分类等,为此必须制定各类统计标准。

(二)按数量标志分组

数量(变量)分组是按数量标志进行的分组。例如,学生按考分分组,工人按工资高低分组等。

注意:进行数量(变量)分组时,首先要明确和掌握以下两点:一是要明确分组的目的,即通过数量的变化来区分各组质的差别,而不是单纯的数量差别;二是要采用适当的分组形式,即究竟要以什么样的数量作为区分标准,是单项式或是组距式,组距大小,组数多少,等距或不等距,组限如何确定等。

1. 单项式分组与组距式分组

(1)单项式分组

在按数量标志分组时,将每一个变量值作为一组,称为单项分组。例如,居民家庭按子女人数分组,见表3-5。

表3-5　居民家庭按子女人数分组

居民家庭按子女数分组(人)	户数(户)
0	
1	
2	
3	
4及以上	
合　计	

单项式分组的适用条件:它适用于当变量值变化范围不大、不同变量值个数较少的离散型变量的场合。

(2)组距式分组

组距式分组是将所有的变量值依次划分为几个区间,一个区间内的所有变量值归为一组,区间的距离称为组距,这样的分组称为组距式分组。例如表3-6和表3-7。

表 3－6　工人按工资数额分组

工人按工资分组(元)	工人数(人)
1 000～2 000 2 000～3 000 3 000～4 000 4 000～5 000 5 000～6 000	
合　计	

表 3－7　企业按职工人数分组

企业按职工人数分组(人)	企业数(万个)
499 及以下 500～999 1 000～2 999 3 000 及以上	
合　计	

组距式分组的适用条件:它适用于变量值变化范围较大、不同变量值个数较多的离散型变量及连续型变量的场合。

注意:连续变量由于不能一一列举它的变量值,不能作单项分组,只能作组距分组。因此,在实际工作中按数量标志分组多采用组距式分组。

2. 进行组距式分组时应注意的问题

(1)组限

组限是指各组变量值变动的两端界限,是每组的起点和终点,每组的起点称为下限,每组的终端为上限。由于变量有离散型和连续型两种,因此,其组限的划分也有所不同。

组限的划分方法分为 $\begin{cases}\text{不重叠组限:只适用于离散型变量分组}\\ \text{重叠组限:适用于离散型变量和连续型变量分组}\end{cases}$

重叠组限,即相邻两组的上、下限为同一个数值。

不重叠组限,即相邻两组的上下限为两个不同的确定数值。

当不重叠组限时:下限≤每组变量值≤上限。

当重叠组限时:下限≤每组变量值＜上限。

离散变量可以一一列举,且相邻两组的组限数值之间没有中间数值,即相邻组的上限和下限可用相邻的两个确定的数值来分别表示,即可采用不重叠组限。例如,企业按职工人数分组可以表示为:499人及以下,500～999人,1 000～

1 999人,2 000 人及以上等。

连续变量在两个变量值之间可以有无限多个中间数值,不可能一一列举,因此,相邻组的上限和下限无法用两个确定的数值来分别表示。在这种情况下,前一组的上限和后一组的下限重叠,即可采用重叠组限。例如:学生按身高分组为 150 厘米以下,150 ~ 160 厘米,160 ~ 170 厘米,170 ~ 180 厘米,180 厘米以上。这里 160 厘米是第二组的上限,也是第三组的下限。

在统计分组时,凡遇到某总体单位的变量值刚好等于相邻两组上、下限时,一般把此值归并到作为下限的那一组。例如,把 170 厘米归到第四组中,称谓“上限不在内”原则。

根据这个规定,在离散变量的分组中,各组的上限也可写为后一组的下限。这样不仅比较简明,而且在计算组中值时,不至于造成麻烦。

合理地确定上、下限的具体数值,关系到整理的资料能否反映实际情况,必须加以注意。在分组之后应对变量值的高低分布情况进行仔细审查,在分布比较集中的变量值中确定组距的中心位置,然后根据组距大小定出上、下限,做到最小组的下限不大于最小变量值,最大组的上限不小于最大变量值,尽可能使各组的变量在组内分布比较均匀。

(2)组距与组数

①组距是指分组条件下每组变量值的变化范围,即每组变量区间的距离。

组距 = 本组上限 - 前组上限 (通用公式)

组距 = 本组上限 - 本组下限 (重叠式组限)

组距分组不可避免地使资料的真实性受到损害。例如,表 3 - 6 经过分组,工人工资为 2 000 ~ 3 000 元这一组有 158 人, 假如这 158 人中可能大多数偏于 2 000 元或3 000 元,所有这些情况都被掩盖了,只假定工资在各组内的分配是均匀的。

②组数是指将全体变量值分成多少组。组距与组数的关系:

$$组距 = \frac{全距}{组数}$$

全距 = 最大变量值 - 最小变量值

组距与组数一般是用整数表示。

进行组距分组,对全体变量应划分多少组才恰当,这是一个值得重视的问题。通过组距分组,把性质相同的单位归纳到一起,把各组内部各单位的次要差异抽象了,而把每组之间的差异突出起来,这样,分组的规律性就可以更容易地显示出来,缩小组距,增加组数,会产生相反的效果。而不适当地扩大组距,减少组数,又会把不同性质的单位归并在一起,失去区别事物本质的界限,达不到正确反映客观事实的目的。

总而言之,组距与组数的确定应该全面分析资料所反映的事物内容、变量值的分散程度等因素,不能强求一致。

(3)等距分组与不等距分组

①等距式分组是指各组组距相同,凡是在变量值变动比较均匀的条件下,可以采用等距分组。例如,身高、体重、零件尺寸的误差分组等,都是常见的等距分组。采用等距分组便于各组间单位数与变量值的直接对比,也便于计算各项综合指标和进行对比分析。

②不等距分组是指各组组距不相等的分组,当变量值变动很不均匀时,常采用不等距分组,不等距分组中,多数情况是根据事物性质变化的数量界限来确定组距。例如,对少年儿童年龄的分组,必须注意到不同年龄生理变化的特点,可分为 1 岁以下,1 ~2 岁,3 ~6 岁,7 ~15 岁等组。

(4)组中值

组中值是指各组上限和下限的中点数值,其计算公式为:

$$\text{组中值}=\frac{\text{上限}+\text{下限}}{2}$$

若是第一组出现"……以下"或最末组出现"……以上"字样的组叫作开口组。开口组的组中值计算公式如下:

首组组中值 = 上限 - 相邻组组距的一半

末组组中值 = 下限 + 相邻组组距的一半

第三节　分配数列(次数分配)

一、分配数列的概念和构成要素

(一)分配数列的概念

分配数列,又称次数分配或次数分布,是指在统计分组的基础上,将总体的所有单位按组归类,并按顺序排列,形成总体中各单位在各组间的分布。见表 3 - 8。

表 3 - 8　58 名学生按考试成绩分组的分配数列

学生按考分分组(分)	学生人数(人)
60 以下	5
60 ~ 70	15
70 ~ 80	18
80 ~ 90	10
90 ~ 100	10
合　计	58

(二)分配数列的构成要素

分配数列由两个要素构成,即总体按某标志所分的各个组和各组次数或频率。

分布在各组的单位数称为次数,也叫频数。按各组的次数与次数总和相比求得的比重称为频率,它表明各组变量值对总体的相对作用程度,也可表明各组变量值出现的概率大小,按顺序列出的各组变量值及相应的频率,即成为变量的频率分布。

很显然,任何一个频率分布都必须满足两个条件,即各频率大于等于 0 及各组频率之和等于 1(100%)。

二、分配数列的种类

分配数列,主要有如下分类:

- 分配数列的种类
  - 品质分配数列
  - 变量分配数列
    - 单项式变量数列
    - 组距式变量数列
      - 等距变量数列
      - 不等距变量数列

(一)品质分配数列

品质分配数列简称品质数列,是指按照品质标志分组形成的分布数列。见表 3－9。

表 3－9　分组标志为性别的品质分配数列

学生按性别分组	学生数(个)
男生	800
女生	700
合　计	1 500

(二)变量分配数列

变量分配数列简称变量数列,是指按数量标志分组所形成的分布数列,例如表 3－8。

变量数列又可分为单项数列和组距数列。

1. 单项数列

单项数列是指以每一个变量值作为一组,按各组顺序简单排列而编制的变量数列。例如表 3－10。

表 3－10　居民家庭按子女人数分组的单项数列

居民家庭按子女数分组(人)	户数(户)
0	2 000
1	30 000
2	8 000
3	6 000
4 及以上	4 000
合　计	50 000

2. 组距数列

组距数列是指以两个表示一定范围的变量值作为一组，按各组顺序排列而编制的变量数列。例如表 3－11。

表 3－11　某班"统计学"考分分布数列

学生按考分分组(分)	学生人数(人)	频率(%)	向上累计		向下累计	
			频数	频率(%)	频数	频率(%)
60 以下	5	10	5	10	50	100
60～70	15	30	20	40	45	90
70～80	18	36	38	76	30	60
80～90	10	20	48	96	12	24
90～100	2	4	50	00	2	4
合　计	50	100	—	—	—	—

根据变量数列各组的组距是否相等还可分为等距数列和不等距数列。

三、次数与频率的累计分布

在研究次数和频率的分布时，我们常常需要编制次数或频率的累计分布数列，它是将变量数列各组的次数或频率逐组累计相加得到的分布。它表明总体变量在某一水平以上或以下所包含的次数和频率的总和，累计分布有两种：向上累计和向下累计。

1. 向上累计

向上累计是指将各组次数或频率由变量值低的组向变量值高的组累加，表明各组上限值及以下各组变量值共包含的次数或频率有多少。

2. 向下累计

向下累计是指将各组次数或频率由变量值高的组向变量值低的组逐组累计，表明各组的下限值及以上各组变量值所包含的次数或频率有多少。

向上累计和向下累计的次数或频率，见表 3－11。

四、次数分布的主要类型

常用的次数分布按其分布形态可分为三种主要类型。

(一)钟型分布

钟型分布是以某变量值为中心,其分布次数最多,而两边标志值的分配次数逐渐减少的分布形态,分布曲线形如一口古钟,故称钟型分布。例如,人的身高、体重、职工工资、农作物亩产量、市场价格等现象都属于钟型分布,钟型分布又可细分为以下两种。

1. 正态分布

中间变量值分布的次数最多,两侧变量值分布的次数随着与中间变量值距离的增大而渐次减少,并且围绕中心两侧呈对称分布,如图 3－1 所示。

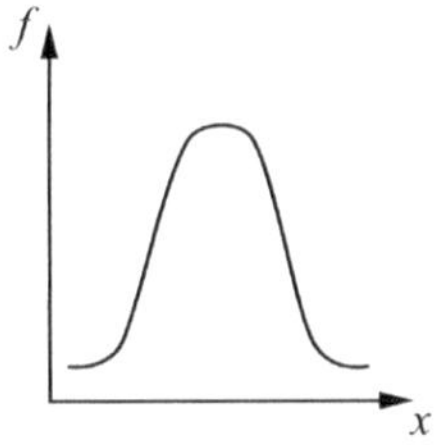

图 3－1　正态分布

2. 偏态分布

偏态分布是相对于正态分布而言的非对称钟型分布。当变量值存在极大值时,次数分布曲线会较正态分布向右延伸,这种分布称为右偏分布,如图 3－2 所示。

当变量值存在较小极端值时,次数分布曲线就会较正态分布向左延伸,这种分布称为左偏分布,如图 3－3 所示。

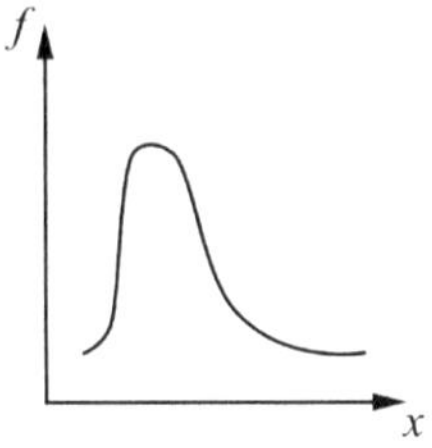

图 3－2　右偏分布

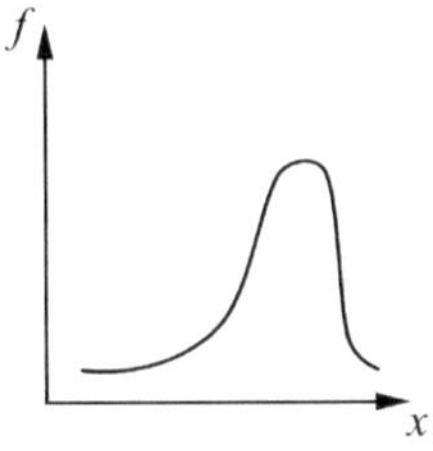

图 3－3　左偏分布

(二)U 型分布

U 型分布是与钟型分布图形相反的分布,其特点是靠近中间的变量值分布次数较少,靠近两端的变量值分布的次数较多,如图 3－4 所示。

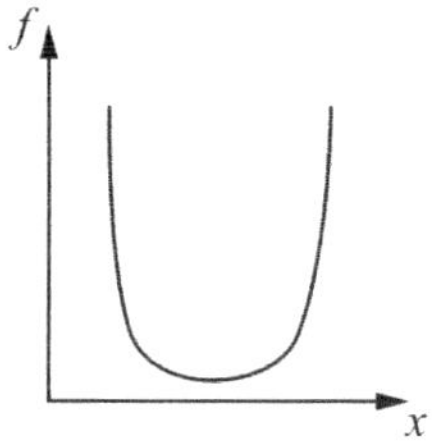

图 3－4　U 型分布

（三）J 型分布

J 型分布的特征是一边小一边大的单调分布，形如字母“J”字，J 型分布有两种类型：一种是正 J 型分布，如图 3－5 所示；另一种是反 J 型分布，如图 3－6 所示。

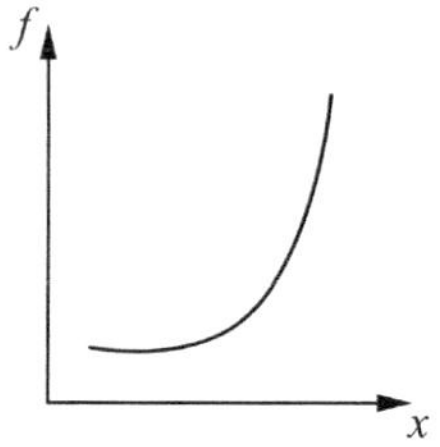

图 3－5　正 J 型分布

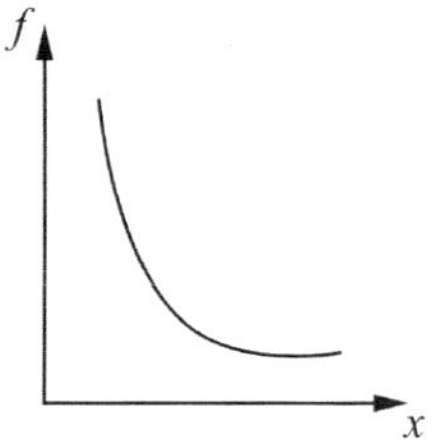

图 3－6　反 J 型分布

第四节　统计表

一、统计表的概念及其构成

（一）统计表的概念

统计表是把大量的统计数字资料按一定顺序和格式列在表上。统计表包括调查表、汇总表、计算表以及各种各样容纳资料的统计表。

（二）统计表的构成

常见的统计表外形结构一般包括四个主要部分：总标题、横行标题、纵栏标题、数字资料等。

统计表的内容结构包括主词和宾词两部分。主词是统计表所要说明的总体及其主要分组情况，通常列在横行标题的位置，所以该栏也叫作主栏。宾词用以说明主词各组的其他标志或综合特征的具体表现，通常列在纵栏标题的位置，所以该栏叫作宾栏。但有时为了编制合理和阅读方便，也可以互换。统计表的构成见表 3－12。

表 3-12　2011 年 1—10 月我国各地区保障性安居工程落实情况　　总标题

省(区、市、生产建设兵团)	合计落实用地面积(公顷)	用地落实率
北京市	1 180.00	108%
天津市	817.10	101%
河北省	1 480.54	116%
山西省	1 695.65	109%
内蒙古	1 925.03	98%
辽宁省	1 440.00	100%
吉林省	845.92	101%
黑龙江省	3 462.57	96%
上海市	1 002.00	111%
江苏省	2 660.00	102%
浙江省	997.92	99%
安徽省	2 082.61	99%
福建省	881.39	110%
江西省	1 012.80	99%
山东省	2 127.48	102%
河南省	2 679.68	100%
湖北省	1 163.00	99%
湖南省	1 605.22	92%
广东省	815.86	105%
广　西	758.33	109%
海南省	430.29	98%
重庆市	1 086.40	103%
四川省	1 165.18	100%
贵族省	1 067.21	100%
云南省	1 106.00	96%
陕西省	2 080.00	100%
甘肃省	595.66	104%
青海省	838.00	156%
宁　夏	661.77	100%
新　疆	1 949.18	100%
兵　团	1 001.00	100%
合　计	42 613.80	102%

纵栏标题　横行标题　指标数值　主栏　宾栏

二、统计表的种类

统计表按照主词是否分组及分组的情况可以分为三种:简单表、简单分组表、复合分组表。

1. 简单表

简单表是指主词未经任何分组的统计表，简单表的主词只是按总体各个单位简单排列或只按时间顺序简单排列，指空间数列表和时间数列表。

2. 简单分组表

简单分组表是指主词按一个标志分组的统计表，它可以按品质标志分组，也可以按数量标志分组。

3. 复合分组表

复合分组表是指主词按两个或两个以上标志重叠分组的统计表。

三、统计表的设计

在编制统计表时应注意遵循下列几项规则：

(1)统计表的各种标题应简明，确切表达其内容，特别是总标题，应十分简要地概括出统计表的基本内容和表中资料所属的时间地点。

(2)表中主栏各行和宾栏各列，一般是按先局部后整体的原则排列，即排列出项目后再列总计，在没有必要列出所有项目时，应先列出总计后列出其中部分的重要项目。

(3)如栏次较多，通常要加以编号。主栏和计量单位栏用(甲)、(乙)等文字标明，宾栏常用①、②、③等数字标明，表中有关栏次如有计算上的钩稽关系，可同时标明，如③ = ②/①等。

(4)表中数字应对准位数，填写整齐。当数字为0或不足单位起点时，应写上0；当缺乏某项数字时，用“ ”表示；无法计算的数字用“—”表示。

(5)统计表中必须注明计量单位，若横栏有不同的计量单位，可专设计量单位一栏，纵列的计量单位，可写在指标名称下(后)面，如果各纵栏的计量单位一样，可以将它标在表的右上方。

(6)统计表的表式通常是左右开口的，即左右两端不画纵线。

(7)必要时，应在统计表下方注明表中某些资料的来源或对某些数据的计算方法、计算口径做出说明。

四、统计资料的其他表现形式

统计资料的表现形式除统计表外，还有统计图、统计数字模型和统计分析报告等。

(一)统计图

统计图是指利用各种图形来表现统计资料的形式。它是以点的多寡、线之长短、面积或体积之大小、颜色之浓淡、线条之疏密或曲线之倾斜度及象形图示等来说明问题、表现统计资料的。利用统计图来表现和分析统计资料的方法叫作统计图示法,它具有简明、直观、形象、感染力强等优点。统计图一般可分为三类:几何图、象形图、统计地图。

1. 几何图

几何图是指用几何的点、线、面积、体积来表现统计资料的图形。几何图有条形图、方形图、圆形图、立体图、曲线图和结构图等。

2. 象形图

象形图是以统计资料所反映的实物的形象来表明统计资料内容,以图形的大小、多少来表明数字的多少的统计图形。

3. 统计地图

统计地图是指在地图上标明各种线纹圆点来表明统计资料在空间的分布状况的图形。

(二)统计数学模型

统计数学模型是指表示现象数量关系等资料的数学方程式或方程组。它是表现统计资料的一种主要形式,更是重要的统计分析工具。它把所研究的现象的各影响因素表示为数学形式的变量,把因素间的某种关系表示为方程式,对复杂的有机关系以方程组来描述和模拟。经过对各关系式的统计处理和检验,就会得到反映现象数量规律或事物关系的数学模型。例如,时间数列分析模型、指数体系模型、正态分布方程、t 分布、F 分布、卡方分布、回归模型等都可以叫作统计数学模型。统计模型的建立,简称建模。

1. 数学模型的构成要素

(1)模型中必须有一组表示研究对象及影响因素的变量,多以 $X_1, X_2, \cdots X_n$ 及 Y 等表示。

(2)模型中必须有若干系数,或称参数、参变量等,常以 a, b, c 或 $a_1, a_2, \cdots, a_n$ 表示。

(3)模型中必须有方程式或方程组,常以 $y=f(x)$ 等表示。

2. 数学模型中的变量简介

变量是组成数学模型的基本元素,不同作用的变量在模型中的地位和表现形式等也是不同的,为此我们必须对模型中的变量有所了解,以利于建模工作。模型中的变量一般可分为以下四种:

(1)内生变量。它是指由模型自身来确定的变量,即要靠模型求解来决定其取值范围的变量。内生变量相当于方程中的因变量,往往是我们需要求解的内容。

(2)外生变量。它是指模型本身无法决定的,要靠模型以外的因素来决定其取值的变量。它相当于自变量,多指书籍的数据资料。

内生变量的数值是模型求解的结果,外生变量必须在模型求解之前确定其数值。在一个模型中内生变量的个数一定要等于方程的个数。这样,模型才能取得唯一的解。

(3)前定变量。它是指在动态分析中人们常把内生变量划分为前期内生变量和后期内生变量。在分析应用模型时,把前期内生变量视为外生变量,并把前期内生变量和外生变量合称为前定变量。

(4)虚拟变量。在某些模型中,常会遇到不确定的待定因素,该因素是否起作用应视情况而定。所以,对该因素变量要乘以一个参变量,该参变量就叫做虚拟变量。虚拟变量是个取值为0或1的随机变量,当其取值为1时,说明待定因素起作用;当其取值为0时,说明待定因素不起作用。

(三)统计分析报告

统计分析报告是指对统计资料经过系统整理并进行了深入分析之后,将所得的分析研究结果,用文字报告结合相应图表及模型的形式表达,以供有关方面参考或使用的书面资料。它是统计分析成果的一种重要表述形式,按其内容可分为专题分析报告、定期分析报告、预计分析报告、综合分析报告等。

统计分析报告的写作要求是主题要鲜明、观点要明确、结构要紧凑、逻辑要严谨、资料要适当、文字要简练。写好统计分析报告,是一种创意性的劳动,没有固定的模式可以套用,但其结构大体上可以分为以下四个部分。

1. 基本情况

以基本统计数字为事实基础,并把所处的主观条件、客观条件写清楚。

2. 成绩和经验

以数字资料为依据,写明成绩,总结经验,以深刻认识事物的规律性。

3. 问题和原因

对分析中发现的问题和产生问题的原因,及对各类事物的影响程度等都要作细致的研究,以找出解决问题的办法。

4. 建议与措施

针对存在的问题,提出解决办法或改进的初步意见,以供使用者参考。

课堂练习

一、单项选择题

1. 按某一标志分组的结果表现为 ( )

A. 组内差异性,组间差异性　　B. 组内同质性,组间差异性

C. 组内同质性,组间同质性　　D. 组内差异性,组间差异性

答案:B。

2. 某管理局对其所属企业的生产计划完成百分比采用如下分组,请指出哪

项是正确的 (　　)

A.80% ~90%　90% ~99%　100% ~109%　110%以上

B.80%以下　80.1% ~90%　90.1% ~100%　100.1% ~110%

C.90%以下　90% ~100%　100% ~110%　110% ~120%

D.85%以下　85% ~95%　95% ~105%　105% ~110%

答案:C。

二、多项选择题

1.表3－13下面的数列属于什么类型 (　　)

表3－13　企业按生产计划完成率分组

按生产计算完成程度分(%)	企业数
80 ~ 90	15
90 ~ 100	30
100 ~ 110	5
合　计	50

A.品质分配数列　B.变量分配数列

C.组距变量分配数列　D.次数分配数列

E.等距变量分配数列

答案:BCDE。

2.下列分组哪些是按品质标志分组 (　　)

A.职工按文化程度分组　B.固定资产按用途分组

C.工人按工龄分组　D.人口按民族分组

E.企业按生产计划完成程度分组

答案:ABD。

三、填空题

对总体只按一个标志进行分组称为________分组,对总体按两个或两个以上标志层叠起来进行分组称为________分析。

答案:简单、复合。

四、简答题

什么是统计分析?它有什么作用?如何正确选择分组标志?

参考答案:统计分组是根据研究目的及其对象特点,将统计总体按照某种标志区分为若干组成部分的方法,其作用有:

(1)区分现象的类型。

(2)揭示现象的内部结构。

(3)分析现象间的相互依存关系。

正确的分组标志是实现统计研究目的的前提,选择分组标志时应注意:

(1)在不同的研究目的下选择不同的分组标志。

(2)选择一定历史条件下最能反映现象本质差别及内在联系的标志作为分组标志。

(3)分组标志的选择要随着历史、社会、经济条件的变化而变化。

思考题

1. 什么是统计分组?它有什么作用?如何正确选择分组标志?

2. 简述单项式分组与组距式分组的不同应用场合,组距与组数的关系,等距分组与不等距分组的适用场合。

3. 什么是简单分组和复合分组?

4. 什么是次数分配?它包括哪些要素?

5. 什么是变量数列?它有哪几种?

6. 简述统计表的结构和种类。

7. 次数分布的类型有哪几种?各有什么特点?

8. 平行分组体系和复合分组体系的特点是什么?

附录

统计整理的计算机操作步骤

例 3-1 某班学生的考试成绩如图 3-7 所示。

1. 对数据进行排序

(1)打开“考试成绩.xls 簿”,选定“考试成绩”工作表。

(2)利用鼠标选定单元格区域。

(3)在菜单中选择“数据”中的“排序”选项,则弹出排序对话框。

(4)在排序对话框窗口中,选择“主要关键字”列表中的“编号”作为排序关键字,并选择按“升序”排序。由于所选取数据中已经包含标题,所以在“我的数据区域”中选择“有标题行”,然后单击“确定”按钮,即可得到排序的结果。

图 3-7　某班学生的考试成绩

2. 按语文成绩分组

(1)打开“考试成绩 . xls”文件。

(2)在单元格 E5 中输入“分组”,在单元格 F5 中输入“频数”。

(3)在 E6:E10 区域中依次输入 59、69、79、89、99 作为频数接受区域,它们分别表明成绩在 60 分以下的人数,成绩在 60 ~ 70 分之间,90 分以上的人数等。

(4)选定 D3:D7 区域,在“插入”菜单中单击“函数”选项,打开“插入函数”对话框,如图 3-8 所示。

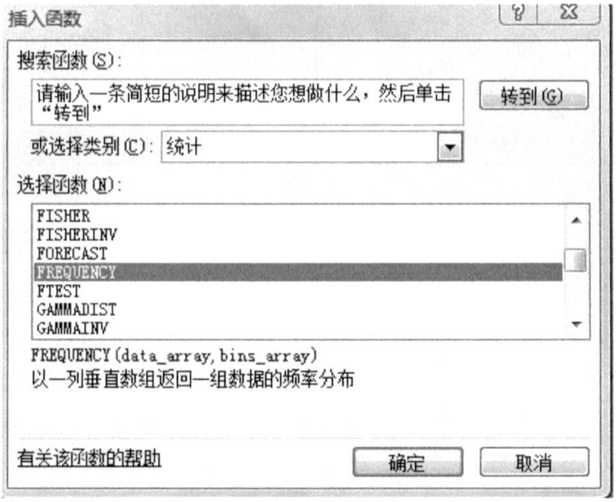

图 3-8　“插入函数”对话框

(5)在“函数分类”列表中选择“统计”,在“函数名”列表中选择“FREQUENCY”,单击“确定”按钮,Excel 弹出“频数分布”对话框窗口。

(6)在数据区域“Data_array”中输入单元格 B2:B21。

数据接受区间 Bins_array 中输入单元格 E6:E10，在对话窗口中可以看到其相应的频数，如图 3-9 所示。

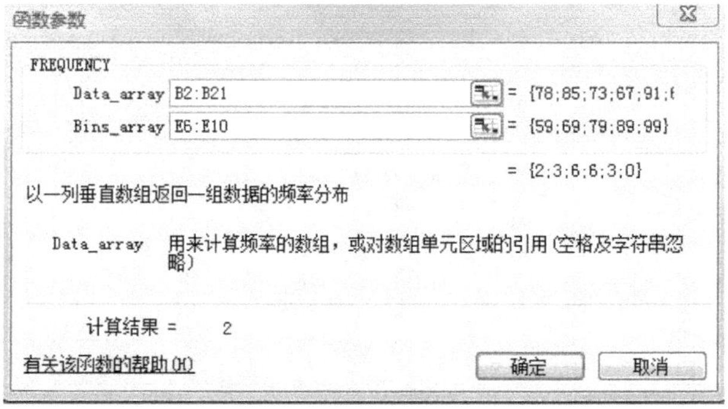

图 3-9 "函数参数"对话框

(7) 由于频数分布是数组操作，所以，此处不能直接单击"确定"按钮，而应按 Ctrl + Shift + 回车键，得到频数分布见表 3-14。

表 3-14 频数分布

分组	频数
59	2
69	3
79	6
89	6
99	3

第四章　综合指标

学习要点

通过对本章的学习，要求掌握以下内容：

1. 基本的统计综合指标包括总量指标、相对指标、平均指标和变异指标，分别反映现象的规模、结构、比例、水平、集中、分散程度等数量特征；

2. 掌握平均指标的概念，算术平均数的计算方法；

3. 掌握平均指标的意义，是非标志的平均数、调和平均数的计算方法；

4. 算术平均数的数学性质，比值平均数，几何平均数，了解中位数和众数的概念和计算方法并能灵活加以运用。

统计指标既是统计整理的结果，又是统计分析的基础，运用各种统计指标来反映和研究社会经济现象总体的一般数量特征和数量关系的研究方法叫作综合指标法。总量指标、相对指标、平均指标和变异指标是从指标的不同作用和特点对指标进行的分类，它们从不同角度描述了社会现象。

第一节　总量指标

一、总量指标的概念

总量指标又称统计绝对数，总量指标是用绝对数形式表现的反映客观现象总体在一定时间和地点条件下的总规模、总水平或工作总量的统计指标，其数值大小随总体范围的大小而增减。总量指标是反映社会经济现象发展的规模、总水平的综合指标。例如，在 2011 年，我国国内生产总值为 471 564 亿元，钢产量为 68 388.3 万吨，年末大陆人口总数为 134 735 万人，年末全部金融机构本外币各项存款余额为 82.7 万亿元。

二、总量指标的作用

总量指标的作用表现在以下几个方面：

(1) 总量指标是对社会经济现象总体认识的起点，常用来反映国情国力的基本状况。

(2) 总量指标是编制计划、实行经营管理的主要依据。

(3) 总量指标是计算相对指标和平均指标的基础。

三、总量指标的种类

- 总量的种类
  - 按其反映总体内容的不同分为
    - 总体单位总量
    - 总体标志总量
  - 按其反映时间状况的不同分为
    - 时期指标
    - 时点指标
  - 按其采用计量单位的不同分为
    - 实物量指标
    - 价值量指标
    - 劳动量指标

（一）按其反映总体内容不同的分类

1. 总体单位总量

总体单位总量是总体内所有单位的总数。

2. 总体标志总量

总体标志总量是总体中各单位标志值的总和。

总体单位是标志的直接承担者，标志总量不会独立于单位总量而存在。在一个特定的总体内，只存在一个单位总量，而同时并存多个标志总量，构成一个总量指标体系。同一总量指标在不同情况下可有不同的性质。例如，对各企业工人总数指标来说，当研究企业平均规模时，以企业为总体单位，企业总数为单位总量，各企业工人总数为标志总量；当研究企业劳动效益时，以工人为总体单位，各企业工人总数为单位总量，这时企业的总产值成为标志总量。所以，总体单位总量和总体标志总量并不是固定不变的，两者随研究目的不同而变化。

注意：总体单位总量和总体标志总量的划分，也是后面计算平均指标（算术平均数）的重要依据。

（二）按其反映时间状况不同的分类

1. 时期指标

时期指标是反映某种社会经济现象在一段时间发展变化结果的总量指标。

例如,国内生产总值、工业增加值、人口出生数等。

2. 时点指标

时点指标是反映社会经济现象在某一时间(瞬间)状况上的总量指标。例如,年末人口总数、年末居民储蓄存款余额等。

注意:时期指标所属时间有时间长短(如年、季、月、日),时点指标所属时间没有时间长短(如年末、季末、月末)。

3. 时期指标和时点指标的特点

(1)时期指标的数值可连续统计;而时点指标的数值不能连续统计,只能间断统计。

(2)时期指标的各项数值可直接相加,相加后表示现象在更长时间内的发展变化总量;而时点指标的各项数值一般不能直接相加,相加后无意义(会出现同一单位或标志值在不同时点的重复计算)。

(3)时期指标的数值大小与其所包括的时期长短直接有关;而时点指标的数值大小与其所间隔的长短无直接关系。

(三)按计量单位不同的分类

1. 实物量指标包括以自然单位和度量衡单位计量的指标,其中度量衡单位又涵盖了简单单位、双重单位与复合单位三种。

2. 价值量指标是按商品或劳务的货币量计量的指标。

3. 劳动量指标是对劳动者的劳动付出进行计量的指标,计量单位通常有工日、工时和计件等。

练习:请判断下列指标,哪些是时期指标?哪些是时点指标?

A. 我国各年大学生毕业人数

B. 我国各年大学生在校生人数

C. 某地区各年的人口出生数(或人口死亡数)

D. 某企业各年末的固定资产原值

E. 某银行每天居民储蓄存款余额

F. 某企业各(末)月商品库存额

G. 我国历年旅客周转量

H. 某班学生每天听课人数

第二节　相对指标

一、相对指标的概念和作用

(一)相对指标的概念

相对指标又称统计相对数,它是将两个性质相同或相互有关的指标数值通过对比求得的商数或比例，用于反映现象总体内部的结构、比例、发展状况或彼此之间的对比关系（或相对指标是两个有联系的现象数值的比率，用以反映现象的发展程度、结构、强度、普遍程度或比例关系）。

$$相对指标 = \frac{分子指标数值}{分母指标数值}$$

例如，产品合格率、人口出生率、人均钢产量等。

注意：相对指标的特点。首先，它是个抽象化的数值，反映现象间的相对程度；其次，相对指标数值的大小与研究总体范围的大小无直接联系。

（二）相对指标的作用

1. 相对指标可以赋予人们判断和鉴别事物的能力

例如，某企业 2010 年工业产值为 1000 万元，该总量指标是不能作为评价该企业生产经营好坏标准的，这时，可计算如产值计划完成速度、产值发展速度、固定资产产值率、该企业产值与同行业先进企业产值的百分比等一些相对指标，来说明该企业生产经营的状况（取得的成绩或存在的问题）。

2. 相对指标可以使不能直接对比的现象找到共同比较的基础

例如，我国生产的一些主要工农业产品产量（钢产量、原煤产量、棉布产量、水泥产量、彩电产量、电冰箱产量、粮食产量、肉食产量等）均占世界第一位。但我们不能直接将其与国外的工农业产品产量进行对比。这时，可计算我国生产这些主要工农业产品的人均产量（相对指标），然后将之与国外的工农业产品的人均产量进行对比。

二、相对指标的数值表现形式

相对指标的数值表现形式（计量单位）有以下两种，即有名数和无名数。

（一）有名数

有名数是在计算相对指标时，保持两个对比指标原来的计量单位。它主要在强度相对指标的计算中采用。例如，2011 年我国人均钢产量为 512 千克/人，2011 年我国人口密度 140 人/平方千米等。

（二）无名数

无名数是一种抽象化的数值，在计算相对指标时，当其分子与分母指标计量单位相同时，其数值表现为无名数。无名数包括系数或倍数、成数、百分数和千分数。

1. 系数或倍数

系数或倍数，即将对比基数抽象为 1 而计算出来的相对数。例如，

$$\frac{2010\text{ 年一季度地质灾害直接经济损失}}{2009\text{ 年一季度地质灾害直接经济损失}} = \frac{4\,835.9\text{ 万元}}{2\,313.83\text{ 万元}}$$

当分子数值 > 分母数值很多时→倍数；

当分子数值与分母数值相差不大时→系数。

2. 成数

成数,即将对比基数抽象为 10 而计算出来的相对数。例如,

某地区粮食产量 2010 年比 2009 年增长 2 成,即增长 2/10。

3. 百分数

百分数,即将对比基数抽象为 100 而计算的相对数。例如,

$$\frac{2011\text{ 年上半年全国国有建设用地供应总量}}{2010\text{ 年上半年全国国有建设用地供应总量}}=\frac{21.03\text{ 万公顷}}{17.88\text{ 万公顷}}=117.6\%$$

4. 千分数

千分数,即将对比基数抽象为 1 000 而计算出来的相对数。例如,

$$2010\text{ 年我国人口出生率}=\frac{\text{人口出生数}}{\text{年(平均)人口总数}}$$

当分子数值 < 分母数值很多时→千分数。

5. 百分点

百分点,即当两个以百分数表示的相对指标,若其对比基数相同时,如果它们相减的结果差距相当于 1%,称为 1 个百分点。例如,股市价格指标见表 4-1:

表 4-1　某月某地股市价格变化点数

上月末	1 日	2 日	3 日	4 日	……	31 日
100(%)	2	3	1.67	6	……	4.2

三、相对指标的种类和计算方法

相对指标主要有以下几种:

相对指标的种类
- 结构相对指标 ┐
- 比例相对指标 │
- 比较相对指标 ├ 静态相对指标
- 强度相对指标 │
- 计划完成程度相对指标 ┘
- 动态相对指标

各种相对指标应用的特点和计算方法如下。

(一)结构相对指标

1. 结构相对指标的概念和计算方法

结构相对指标就是通常所说的“比重”,它是在对总体分组的基础上,以总体总量作为比较标准,求出各组总量占总体总量的比重,来反映总体内部组成情况的综合指标。其计算结果一般是百分数(%)。

$$\text{结构相对指标}=\frac{\text{各组(或各部分)总量}}{\text{总体总量}}$$

例4－1 某企业职工有关资料见表4－2。

表4－2 某企业职工按性别分组的相关资料

职工按性别分组	人　数	比重(%)	工资额(元)	比重(%)	平均工资(元/人)
男职工	30	60	90 000	63.38	3 000
女职工	20	40	52 000	36.62	2 600
合　计	50	100	142 000	100	—

结构相对指标包括单位数结构和标志值结构。同一总体的各部分所占比重之和必须为100%或1。

结构相对指标在经济研究中具有重要作用。计算结构相对指标能够反映总体内部结构和现象的类型特征。

2.计算结构相对指标应注意的问题

(1)结构相对指标的计算条件是统计分组。

(2)结构相对指标的分子与分母均为总量指标对比。

(3)结构相对指标的分子与分母不能互换。

(二)比例相对指标

1.比例相对指标的概念和计算方法

比例相对指标是总体中不同部分数量对比的相对指标,用以分析总体范围内各个局部、各个分组之间的比例关系和协调平衡状况。

$$比例相对指标=\frac{总体中某一部分数值}{总体中另一部分数值}$$

例如表4－1,男职工人数/女职工人数＝30人/20人＝150%。

2.计算比例相对指标应注意的问题

(1)比例相对指标的计算条件是统计分析。

(2)比例相对指标的分子与分母一般是总量指标对比,但有时也可以用总体各部分的相对数或平均数对比。例如表4－2,男职工平均工资/女职工平均工资＝3 000元/2 600元＝115.4%。

(3)比例相对指标的分子与分母可以互换。例如表4－2,女职工人数/男职工人数＝20人/30人＝66.7%。

(三)比较相对指标

1.比较相对指标的概念和计算方法

比较相对指标是不同单位的同类现象数量对比而确定的相对指标,用以说明某一同类现象在同一时间内各单位发展的不平衡程度,以表明同类事物在不同条件下的数量对比关系。比较相对数计算结果通常用百分数或倍数表示。

$$比较相对指标=\frac{甲总体某指标值}{乙总体同类指标值}$$

这里的总体可以是国家、地区、部门或企业等,例如,2010 年石家庄市大米价格 4 元/千克,北京市大米价格 4.5 元/千克。则

$$\frac{\text{北京市大米价格}}{\text{石家庄市大米价格}}=\frac{4.5}{4}=112.5\%$$

2. 计算比较相对指标应注意的问题

(1)比较相对指标的分子与分母更多的是采用相对数或平均数对比(因为总量指标的数值易受总体范围不同、生产条件不同等影响,它一般不具有可比性)。

(2)比较相对指标的分子与分母可以互换。

(四)强度相对指标

1. 强度相对指标的概念和计算方法

强度相对指标是两个性质不同但有一定联系的总量指标之间的对比,用来表明某一现象在另一现象中发展的强度、密度和普遍程度。它和其他相对指标根本不同的特点就在于它不是同类现象指标的对比。强度相对指标以双重计量单位表示,是一种复名数。

$$\text{强度相对指标}=\frac{\text{某种现象总量指标}}{\text{另一个有联系而性质不同的现象总量指标}}$$

例如,

$$\begin{aligned}\text{2011 年我国人均钢产量}&=\frac{\text{年钢产量}}{\text{年(平均)人口总数}}\\&=\frac{6\,900\text{ 万吨}}{134\,735\text{ 万人}}=512(\text{千克/人})\end{aligned}$$

$$\begin{aligned}\text{2011 年我国人口密度}&=\frac{\text{人口总数}}{\text{国土面积}}=\frac{134\,735\text{ 万人}}{960\text{ 万平方千米}}\\&=140(\text{人/平方千米})\end{aligned}$$

2. 计算强度相对指标应注意的问题

(1)强度相对指标的分子与分母为两个性质不同而有联系的总量指标的对比。

注意:钢产量/猪的存栏头数这两个性质不同的总量指标在经济上没有联系,对比没有意义。

(2)强度相对指标的数值表现形式大多数为有名数,少数为无名数形式。例如,人口密度以“人/平方千米”为单位,人均钢产量以“千克/人”为单位,商业网密度以“个/人”为单位等表现(有名数形式);而人口自然增长率、商品流通费用率等表现为无名数形式。

(3)某些强度相对指标,分子与分母可互换,形成其正、逆指标。例如,

每百元固定资产提供的产量 = 年工业产值/年固定资产平均余额(正指标)

每百元产值占用的固定资产 = 年固定资产平均余额/年工业产值(逆指标)

注意:有些强度相对指标使用“人均”这个词,例如,人均钢产量、人均粮食

产量、人均教育经费等，但它们与后面要讲的平均指标在含义上是有区别的。

（五）计算完成程度相对指标

1. 计划完成程度相对指标的概念和计算方法

计划完成程度相对指标是用来检查、监督计划执行情况的相对指标，它以现象在某一段时间内的实际完成数与计划数对比，来观察计划完成程度。

$$计划完成程度相对指标=\frac{实际完成数}{计划任务数}$$

例 4－2　2010 年全国（不含西藏和新疆生产建设兵团）住房供地计划18.47 万公顷，实际完成 12.54 万公顷，求 2010 年住房供地计划完成程度。

$$解：2010\ 年全国住房供地计划完成程度=\frac{12.54\ 万公顷}{18.47\ 万公顷}=67.9\%$$

即 2010 年全国住房供地只完成了计划的 67.9%。

例 4－3　某企业 2010 年计划某产品单位成本为 20 元/件，实际该产品单位成本为 18 元/件，求本年该产品单位成本计划完成程度。

$$解：该产品单位成本的计划完成程度=\frac{18\ 元/件}{20\ 元/件}=90\%$$

即该企业超额 10% 完成单位成本降低的计划任务。

注意：当计划指标规定为增长率（如产值、劳动生产率）时，计算结果≥100%，为完成或超额完成计划；计算结果＜100%，为未完成计划。当计划指标规定为降低率（单位成本、单耗）时，计算结果≤100%，为完成或超额完成计划；计算结果＞100%，为未完成计划。

计划执行进度的检查方法：

$$计划执行进度=\frac{累计至本期止实际完成数}{全期计划任务数}$$

例 4－4　某企业 2010 年全年计划产值为 200 万元，资料见表 4－3。

表 4－3　某企业 2010 年按季度分布的实际产值

季　度	第一季度	第二季度	第三季度
实际产值（万元）	40	45	60

求累计至第三季度止产值计划执行进度。

$$解：产值计划执行进度=\frac{(40+45+60)\ 万元}{200\ 万元}=72.5\%$$

即时间过去 3/4（75%），计划任务只完成 72.5%。

2. 计算计划完成程度相对指标应注意的问题

（1）计划完成程度相对指标的分子与分母可以是绝对数对比，也可以是相对数或平均数对比。

（2）该指标的分子与分母不能互换。

3. 当计划指标规定为（动态）相对数时，计算计划完成程度相对指标的方法

例 4－5 某企业 2010 年计划规定产值要比上年提高 10%，实际比上年提高了 15%，计算该企业产值计划完成程度。

解：

$$\text{计划数}:\frac{2010\text{ 年计划产值}}{2009\text{ 年实际产值}}=1+10\%$$

$$\text{实际数}:\frac{2010\text{ 年实际产值}}{2009\text{ 年实际产值}}=1+15\%$$

$$\text{该产品单位成本计划完成程度}=\frac{1+15\%}{1+10\%}=104.5\%$$

计算结果表明，该企业产量计划完成 104.5%，即超额 4.5% 完成了计划。

注意：不能用 15% 与 10% 相除。

$$\text{计划完成程度}=\frac{\text{本期实际水平}/\text{上期实际水平}}{\text{本期计划水平}/\text{上期实际水平}}=\frac{\text{本期实际水平为上期水平的百分比}}{\text{本期计划水平为上期水平的百分比}}$$

例 4－6 某企业本年生产的某产品单位成本计划比上年降低 10%，实际比上年降低 12%，计算该企业某产品单位成本计划完成程度。

解：计划数＝本年计划单位成本/上年实际单位成本

实际数＝本年实际单位成本/上年实际单位成本

$$\text{该产品单位成本计划完成程度}=\frac{1-12\%}{1-10\%}=\frac{88\%}{90\%}=97.78\%$$

该产品单位成本实际比计划降低 2.22%，即超额完成成本降低任务。

4. 长期计划完成情况的检查

计划完成情况的检查分为中长期计划和短期计划两种，短期计划检查可按上述的公式计算。中长期计划检查，根据制订计划任务的性质不同有两种方法，即累计法和水平法。

（1）累计法。在检查中长期计划执行情况时，如果计划任务是按计划期各年总和规定的，要按累计法检查中长期计划执行情况。

$$\text{计划完成程度}=\frac{\text{五年计划期间实际累计完成数}}{\text{五年计划规定的累计数}}$$

例 4－7 某地区“十一五”计划期间基本建设投资总额计划规定为 30 亿元，五年内实际累计完成 33 亿元，计算某地区五年基本建设投资总额计划完成程度。

解：五年基本建设投资总额计划完成程度：

33 亿元/30 亿元＝110%

即超额完成五年计划。

按累计法确定提前完成五年计划的时间，是用计划全部时间减去自计划执行日起至实际累计完成规定数量的日期止的时间，也就是提前完成五年计划的时间。

(2)水平法。在中长期计划中,如果只规定在整个计划期的末期(最后一年)现象应达到的水平,则用水平法检查计划执行的情况。

$$计划完成程度 = \frac{计划期末实际达到的水平}{计划规定期末应达到的水平}$$

例 4-8 我国"十一五"(2006—2010 年)计划规定某种产品 2010 年的产量应达到 400 万吨,实际完成 480 万吨,计算该产品产量五年计划的完成程度。

解:该产品产量五年计划完成情况:

$$480/400 = 120\%$$

即"十一五"计划超额 20% 完成计划。

另外,按水平法检查中长期计划执行情况时,确定提前完成计划的时间是在计划期内有连续一年(可以跨日历年度)的数值达到计划规定最后一年的水平,即为五年计划完成,其余的时间即为提前完成五年计划的时间。

例 4-9 某产品五年计划规定,最后一年产量应达到 45 万吨,计划执行情况见表 4-4。

表 4-4 某企业某产品的五年计划执行情况数据

时间	第一年	第二年	第三年		第四年				第五年			
			上半年	下半年	一季度	二季度	三季度	四季度	一季度	二季度	三季度	四季度
产量(万吨)	30	30	17	19	10	10	11	12	12	13	15	6

解:从上表第四年的第二季度起,至第五年的第一季度止的连续一年中,达到了计划所规定的水平,即 10 + 11 + 12 + 12 = 45 万吨,则该产品提前三个季度完成了五年计划。

(六)动态相对指标

动态相对指标(发展速度)是某一事物报告期数值与基础数值对比的结果,用以说明事物在时间上发展的快慢程度。

$$动态相对指标 = \frac{报告期水平}{基期水平}$$

在掌握了几种常用的相对指标的概念、作用及计算后,要注意区分不同的相对指标。

1. 结构相对指标与比例相对指标的区别

结构相对指标是以总体问题为比较标准,计算各组总量占总体总量的比重来反映总体内部组成情况的综合指标。例如,各工种的工人占全部工人的比重。比例相对指标是总体不同部分数量对比的相对数,用以分析总体范围内各个局部之间比例关系和协调平衡状态。例如轻重工业比例。

2. 比例相对指标与比较相对指标的区别

(1)子项与母项的内容不同。比例相对指标是同一总体内不同组成部分的指标数值的对比。比较相对指标是同一时间同类指标在空间上的对比。

(2)说明问题不同。比例相对指标说明总体内部的比例关系。比较相对指标说明现象发展的不同程度。比较相对指标是不同单位的同类指标对比而确定的相对数,用以说明同类现象在同一时期内各单位发展的不平衡程度。例如,甲地职工平均收入是乙地职工平均收入的1.3倍。

3.强度相对指标与其他相对指标的区别

(1)其他各种相对指标都属于同一总体内的数量进行对比,而强度相对指标除此之外,也可以是两种性质不同的但又有联系的属于不同总体的总量指标之间的对比。

(2)计算结果表现形式不同。其他相对指标用无名数表示,而强度相对指标主要是用有名数表示。

(3)当计算强度相对指标的分子、分母的位置互换后,会产生正指标和逆指标,而其他相对指标不存在正指标和逆指标之分。

四、计算和应用相对指标应注意的问题

(一)正确选择对比标准的基数

如果基数的选择不准确,就无法使相对数正确地反映事物之间的数量对比关系。至于选择什么样的基数,必须从现象的性质特点出发,并根据研究目的来确定。

$$\text{教育普及程度}=\frac{\text{全国识字人口数}}{\text{全国人口数(扣除6岁以下的学龄前儿童)}}$$

(二)保持两个对比指标(分子与分母)的可比性

所谓相对指标的可比性是指两个对比指标在所表明的经济内容、总体范围、计算方法、计量单位、时间长短等方面的一致性。

(三)必须把相对数和总量指标结合起来运用

利用相对指标进行分析时,要考虑相对数背后所代表的绝对水平,即要将两者结合起来应用,特别是在动态分析时,要注意到每增长1%的绝对值。例如,甲、乙两厂的钢产量见表4-5。

表4-5 甲、乙两企业2009—2010年的钢产量数据

钢产量(吨)	2009年	2010年	增长量	增长速度/%
甲厂	1 600	2 000	400	25
乙厂	1 600	600	200	50

甲厂每增长1%的绝对值=(400/25%)×1%=16(吨)

乙厂每增长1%的绝对值=(200/50%)×1%=4(吨)

故高速度背后可能隐藏低水平,而低速度背后可能隐藏高水平,分析问题既要看速度,又要看水平。

(四)要将多种相对指标结合运用

因为相对指标是运用对比的方法揭示现象之间的联系程度,用以反映现象之间的差异程度,所以,计算相对指标对分子、分母指标是否具有可比性,是计算结果能否正确反映现象之间数量关系的重要条件。

第三节 平均指标

一、平均指标的概念、特点和种类

(一)平均指标的概念

平均指标又称统计平均数,用以反映社会经济现象总体各单位某一数量标志在一定时间、地点条件下所达到的一般水平的综合指标。

(二)平均指标的特点

1.它是一个抽象值

平均指标是把总体某一数量指标在各单位之间的数量差异抽象化了的数值。

2.它是一个代表值

平均指标用一个数值来代表总体各单位某一数量标志在具体时间地点条件下的一般水平(代表总体各单位标志值的一般水平)。

(三)平均指标的作用

平均指标的作用主要表现在以下几点:

(1)它可以反映总体各单位变量分量分布的集中趋势。

(2)它可以用来比较同类现象在不同单位发展的一般水平。

(3)它可以用来比较同一单位的同类指标在不同时期的发展状况。

(4)它可以用来分析现象之间的依存关系等。

(四)平均指标的种类

平均指标按计算方法不同,可分为算术平均数、调和平均数、几何平均数、众数和中位数。前三种平均数是根据总体所有标志值计算的,所以称为数值平均数,后两种平均数是根据标志值所处的位置确定的,因此称为位置平均数。

平均指标按反映时间不同,可分为动态平均数和静态平均数。

二、算术平均数

(一)算术平均数的概念和计算条件

1.算术平均数的概念

算术平均数是分布数列(总体)中各单位标志值的总和除以全部单位数。

算术平均数是计算平均指标的最常用方法，它的基本公式形式是总体标志总量除以总体单位总量。即

$$算术平均数=\frac{总体标志总量}{总体单位总量}$$

例 4－10　某单位 5 名工人的工资额分别为 1 600 元、2 200 元、3 000 元、4 000 元和 5 500 元，试计算工人的平均工资。

解：

$$工人的平均工资=\frac{1\,600+2\,200+3\,000+4\,000+5\,500}{5}=\frac{16\,300}{5}=3\,260(元/人)$$

$$工人的平均工资=\frac{总体工资总额\rightarrow总体标志总量}{总体工人总数\rightarrow总体单位总量}$$

算术平均数是最常用的一种平均数，它的计算方法符合众多现象中总体各单位标志值的算术和等于其总体标志总量这一客观数量关系。

2. 算术平均数的计算条件

基本公式的分子（总体标志总量）与分母（总体单位总量）必须是同一总体，并且分子与分母在数量上存在着直接的对应关系，即其分子（总体标志总量）数值要随着分母（总体单位总量）数值的变动而变动，算术平均数的这一计算特点也是平均指标与强度相对指标的主要区别之一。例如，

$$\underset{（强度相对指标）}{2011\text{ 年我国人均钢产量}}=\frac{年钢产量}{年平均人口数}=\frac{6\,900\text{ 万吨}}{134\,735\text{ 万人}}=512(千克/人)$$

$$\underset{（平均指标）}{工人的平均工资}=\frac{职工工资总额}{职工总人数}=\frac{16\,300}{5\text{ 人}}=3\,260(元/人)$$

平均指标与强度相对指标虽然都是两个总量指标对比，并且有的强度相对指标还带有平均的含义，其计量单位也是双重单位，但两者仍有明显区别。

强度相对指标与平均指标的区别主要表现在以下两点：

（1）指标的含义不同。强度相对指标说明的是某一现象在另一现象中发展的强度、密度或普遍程度，而平均指标说明的是现象发展的一般水平。

（2）计算方法不同。强度相对指标与平均指标虽然都是两个有联系的总量指标之比，但是，强度相对指标分子与分母的联系，只表现为一种经济关系，其分子与分母在数量上不存在着直接的数量对应关系，而平均指标是在一个同质总体内标志总量和单位总量的比例关系，其分子与分母的联系是一种内在的联系，即其分子与分母在数量上存在着直接的对应关系。

练习：判断下列指标哪些属于平均指标？哪些属于强度相对指标？

A. 人均粮食产量　　　　B. 人均教育经费

C. 单位产品成本　　　　D. 人均粮食

E. 人均粮食消费量

（二）算术平均数的计算方法

在实际工作中，由于掌握资料的不同，算术平均数有两种计算形式，即简单

算术平均数和加权算术平均数。

1. 简单算术平均数(适用于计算未分组数列的平均数)

如果已知各单位标志值和总体单位数,可采用简单算术平均数方法计算,其计算公式为

$$\bar{x} = \frac{x_1 + x_1 + \cdots + x_n}{n} = \frac{\sum x}{n}$$

式中,x 为各单位标志值,n 为总体单位数。

注意:简单算术平均数中,各单位标志值出现的次数(频数)均相同,上例中每个标志值出现的次数都是1。例如前例4－9。

2. 加权算术平均数(适用于计算分组数列的平均数)

如果已知各组标志值和各组单位数,可采用加权算术平均数的方法计算平均指标,其计算公式为:

$$\bar{x} = \frac{x_1f_1 + x_2f_2 + \cdots + x_nf_n}{f_1 + f_2 + \cdots + f_n} = \frac{\sum xf}{\sum f}$$

或

$$\bar{x} = \sum x - \frac{f}{\sum f}$$

式中,$\bar{x}$ 为加权算术平均数,x 为各组标志值,f 为各组单位数,$\frac{f}{\sum f}$ 为各组单位数的比重。

例4－11　某工厂工人的各级别工资额和相应工人数资料见表4－6。

表4－6　某工厂工人按工资额的分组数据

工资数(元)	工人数(人)
1 600	5
2 200	15
3 000	18
4 000	10
5 500	2
合计	50

试计算工人平均工资。

解:工人平均工资计算过程见表4－7。

表 4 - 7　分组数据资料的计算过程

工资数(元) x	工人数(人) f	工资总额(元) xf
1 600	5	8 000
2 200	15	33 000
3 000	18	54 000
4 000	10	4 000
5 500	2	11 000
合计	50	146 000

$$各组工资额(x)=\frac{各组工资总额(xf)}{各组工人数(x)}$$

平均工资为:

$$\bar{x}=\frac{\sum xf}{\sum f}=\frac{1\,600\times5+2\,200\times15+3\,000\times18+4\,000\times10+5\,500\times2}{5+15+18+10+2}$$

$$=2\,920(元/人)$$

注意:由组距数列计算加权算术平均数,可用组中值代表各组变量值。

例 4 - 12　某公司所属 6 家企业,按生产某产品平均单位成本的高低分组,其各组产量占该公司总产量的比重见表 4 - 8。

表 4 - 8　某公司 6 家企业按生产同种产品的单位成本分组

按平均单元成本分组(元/件)	企业数	各组产量占总产量的比重(%)
10 ~ 12	1	22
12 ~ 14	2	40
14 ~ 18	3	38
合计	6	100

试计算该公司所属企业的平均单位成本。

解:该公司所属企业的平均单价成本计算过程见表 4 - 9。

表 4 - 9　组中值(变量 x)的计算

按平均单元成本分组(元/件)	企业数	组中值 x	各组产量占总产量比重(%)
10 ~ 12	1	11	22
12 ~ 14	2	13	40
14 ~ 18	3	16	38
合计	6	—	100

平均单位成本:

$$\bar{x} = \sum x \cdot \frac{f}{\sum f} = 11 \times 0.22 + 13 \times 0.4 + 16 \times 0.38 = 13.7 (\text{元/件})$$

（三）在计算加权算术平均数时应注意的问题

1. 影响加权算术平均数的因素

由加权算术平均数的计算公式可见，加权算术平均数的大小受两个因素的影响：其一是受各组标志值（x）大小的影响，其二是受各组单位数（f）或各组单位数比重$\frac{f}{\sum f}$大小的影响。

当各组标志值已确定，如果哪一组标志值分配的单位数越多，则该组标志值对平均数的影响越大；反之，影响越小（在一个数列中，当标志值较大的单位数居多时，平均数就会趋近标志值大的一方；当标志值较小的单位数居多时，平均数就趋近标志值小的一方；当标志值较大的单位数与标志值较小的单位数基本平分时，平均数居中）。可见，各组标志值的单位数（频数）的多少对平均数的大小有权衡轻重的作用，所以称各组单位数为权数，用权数乘以各组标志值叫作加权，由此计算的平均数叫作加权算术平均数。

$$\text{权数}\begin{cases} f\text{：各组单位数（绝对数权数）} \\ \dfrac{f}{\sum f}\text{：各组单位数比重（相对数权数）} \end{cases}$$

在分组数列的条件下，当各组标志值出现的次数或各组次数所占比重均相等时，权数就失去了权衡轻重的作用，这时用加权算术平均数计算的结果与用简单算术平均数计算的结果相同。

注意：权数对算术平均数大小的影响程度，并不取决于权数本身数值（f）的大小，而是取决于作为权数的各组单位数占总体单位数比重的大小，即频率（$\frac{f}{\sum f}$）的大小。

例4－13　甲、乙两家企业各级别工资额、相应的工人数及工人数比重资料见表4－10。

表4－10　各组标志值、各组单位数、各组单位数比重

工资额 x（元）	工人数（人）		工人数比重（%）	
	甲企业（$f_{甲}$）	乙企业（$f_{乙}$）	甲企业（$\frac{f_{甲}}{\sum f_{甲}}$）	乙企业（$\frac{f_{乙}}{\sum f_{乙}}$）
1 000	5	20	10	10
2 200	15	60	30	30
3 000	18	72	36	36
4 000	10	40	20	20
5 500	2	8	4	4
合计	52	200	100	100

试计算甲、乙两家企业工人的平均工资,并观察计算结果。

解:甲企业工人平均工资:

$$\bar{x}_{甲} = \sum x \cdot \frac{f}{\sum f}$$

$$= 1\,600 \times 10\% + 2\,200 \times 30\% + 3\,000 \times 36\% + 4\,000 \times 20\% + 5\,500 \times 4\%$$

$$= 2\,920(元/人)$$

乙企业工人平均工资:

$$\bar{x}_{乙} = \sum x \cdot \frac{f}{\sum f}$$

$$= 1\,600 \times 10\% + 2\,200 \times 30\% + 3\,000 \times 36\% + 4\,000 \times 20\% + 5\,500 \times 4\%$$

$$= 2\,920(元/人)$$

2. 当各组单位数(频率)相等时,加权算术平均数等于简单算术平均数

在分组数列的条件下,当各组标志值的单位数或各组单位数比重均相等时,权数就失去了权衡轻重的作用,这时用加权算术平均数计算的结果与用简单算术平均数计算的结果相同。即

$$加权算术平均数\ \bar{x} = \frac{\sum xf}{\sum f} = \frac{A\sum x}{An} = \frac{\sum x}{n} = \bar{x}(简单加权算术平均数)$$

3. 关于加权算术平均数的权数选择原则

$$被平均数的标志值\ x\begin{cases}绝对\\绝对\\平均\end{cases}$$

权数选择的原则:

$$各组标志值 \times 各组单位数 = 各组标志总量$$

$$(x) \times (f) = (xf)$$

此等式必须有实际经济意义(三个量之间存在着客观的数量对等关系),各组单位数(f)才是加权算术平均数的合适权数,即

$$被平均的标志值(x) = \frac{分子数值 \rightarrow 各组标志总量(xf)}{分母数值 \rightarrow 各组单位数(f) \rightarrow 权数}$$

例 4-14 某企业产值计划完成程度、企业数和计划产值资料见表 4-11。

表 4 - 11　某企业产值计划完成情况

产值计划完成程度(%)	企业数	计划产值(万元)
90 ~ 100	5	500
100 ~ 110	8	4 000
110 ~ 120	2	500
合计	—	5 000

试计算该企业的平均产值计划完成程度。

解:此例被平均的标志值 x(各组产值计划完成程度) 是相对数。

本例以企业数(次数) 为权数,不符合权数选择原则,即

$$\text{各组产值计划完成程度} \times \text{企业数} = \text{各组标志总量}$$

$$(x) \times (f) = (xf)$$

$$95\% \times 5 = 475\%\,(\text{无意义})$$

本例正确的权数(f) 应为各组计划产值,它符合权数选择的原则,即

$$\text{各组产值计划完成程度}(x) = \frac{\text{各组实际产值}(xf)}{\text{各组计划产值}(f)}$$

各组产值计划完成程度计算过程见表 4 - 12。

表 4 - 12　某企业平均产值计划计算表

产值计划完成程度(%)	企业数	组中值 x	计划产值 f(万元)	实际产值 xf(万元)
90 ~ 100	5	95	500	475
100 ~ 110	8	105	4 000	4 200
110 ~ 120	2	115	500	575
合计	—	—	5 000	5 250

平均产值计划完成程度为:

$$\bar{x} = \frac{\sum xf}{\sum f} = \frac{0.95 \times 500 + 1.05 \times 4\,000 + 1.15 \times 500}{500 + 4\,000 + 500} = \frac{5\,250}{5\,000} = 105\%$$

由此可得出以下结论:当被平均的标志值是绝对数、相对数或平均数时,要选择构成其绝对数、相对数或平均数的分母数值作为各组单位数,即权数(f);要选择构成其绝对数、相对数或平均数的分子数值作为各组标志总率(xf)。

练习:某企业某月生产三批产品的合格率及各批产品产量资料见表4 - 13。

表 4－13　某企业某月三批次产品的合格率及产量资料

合格率(%)	产量(件)
90	1 000
95	2 000
98	3 000

试计算产品平均合格率。

解:产品平均合格率计算过程见表 4－14。

表 4－14　产品平均合格率计算表

合格率 x(%)	产量 f(件)	合格品数量 xf(件)
90	1 000	900
95	2 000	1 900
98	3 000	2 940
合计	6 000	740

$$合格率(x) = \frac{合格品数量(xf)}{全部产品数量(f)}$$

$$产品平均合格率\ \bar{x} = \frac{\sum xf}{\sum f} = \frac{5\ 740}{6\ 000} = 95.67\%$$

(四) 算术平均数的数学性质和特点

1. 算术平均数的数学性质

(1) 各变量值与其平均数离差之和等于零。

$$\sum (x - \bar{x}) = 0$$

$$\sum (x - \bar{x})f = 0$$

(2) 各变量值与其平均数离差的平方和是一个极小值。

$$\sum (x - \bar{x})^2 = 最小值$$

或

$$\sum (x - \bar{x})^2 < \sum (x - x_0)^2$$

其中,$\bar{x} \neq x_0$。

(3) 如果原变量与新变量之间的关系是:

$$y = a + bx$$

其中,a 和 b 为常数,则

$$\bar{y} = a + b\bar{x}$$

2. 算术平均数的特点

算术平均数易受极端标志值(极大值或极小值)和开口组的影响。

三、调和平均数

（一）调和平均数的概念和计算方法

1. 调和平均数的概念

调和平均数是分布数列中各单位标志值倒数的算术平均数的倒数，又称倒数平均数。

设有 3 个标志值分别为 x_1、x_2、x_3，则，

算术平均数为：

$$\bar{x} = \frac{x_1 + x_2 + x_3}{3}$$

调和平均数为：

$$H = \frac{1}{\dfrac{\dfrac{1}{x_1} + \dfrac{1}{x_2} + \dfrac{1}{x_3}}{3}} = \frac{3}{\dfrac{1}{x_1} + \dfrac{1}{x_2} + \dfrac{1}{x_3}}$$

2. 调和平均数的计算方法

根据所掌握资料的不同，调和平均数具体计算可分为简单调和平均数和加权调和平均数。

（1）简单调和平均数，其计算公式为：

$$H = \frac{1}{\dfrac{\dfrac{1}{x_1} + \dfrac{1}{x_2} + \cdots + \dfrac{1}{x_n}}{n}} = \frac{n}{\dfrac{1}{x_1} + \dfrac{1}{x_2} + \cdots + \dfrac{1}{x_n}} = \frac{n}{\sum \dfrac{1}{x}}$$

（2）加权调和平均数，其计算公式为：

$$H = \frac{1}{\dfrac{\dfrac{m_1}{x_1} + \dfrac{m_2}{x_2} + \cdots + \dfrac{m_n}{x_n}}{m_1 + m_2 + \cdots + m_n}} = \frac{m_1 + m_2 + \cdots + m_n}{\dfrac{m_1}{x_1} + \dfrac{m_2}{x_2} + \cdots + \dfrac{m_n}{x_n}} = \frac{\sum m}{\sum \dfrac{m}{x}}$$

当 $m_1 = m_2 = \cdots = m_n = A$ 时，

加权调和平均数 $H = \dfrac{\sum m}{\sum \dfrac{m}{x}} = \dfrac{An}{A\sum \dfrac{1}{x}} = \dfrac{n}{\sum \dfrac{1}{x}}$（简单调和平均数）

（二）调和平均数的应用（作为算术平均数的变形形式来应用）

$$H = \frac{m_1 + m_2 + \cdots + m_n}{\dfrac{m_1}{x_1} + \dfrac{m_2}{x_2} + \cdots + \dfrac{m_n}{x_n}} = \frac{\sum m}{\sum \dfrac{m}{x}}$$

式中，H 为加权调和平均数，x 为各组标志值，$m = xf$ 为各组标志总量。

例 4 – 15　某企业的工人各级别的工资额及相对应的工资总额资料见表 4 – 15。

表 4 – 15　某企业工人工资级别及工资总额资料

工资额(元)	工资总额(元)
1 600	8 000
2 200	33 000
3 000	54 000
4 000	40 000
5 500	11 000
合计	146 000

试计算工人平均工资。

解:该企业工人平均工资计算过程见表 4 – 16。

表 4 – 16　各组标志值、各组标志总量、各组单位数

工资额(元) x	工资总额(元) $m = xf$	工人人数 $f = m/x$
1 600	8 000	5
2 200	33 000	15
3 000	54 000	18
4 000	40 000	10
5 500	11 000	2
合计	146 000	50

$$\text{各组工人数}(f) = \frac{\text{各组工资总额}(xf)}{\text{各组工资额}(x)}$$

平均工资为:

$$H = \frac{m_1 + m_2 + \cdots + m_n}{\frac{m_1}{x_1} + \frac{m_2}{x_2} + \cdots + \frac{m_n}{x_n}} = \frac{8\ 000 + 33\ 000 + 54\ 000 + 40\ 000 + 11\ 000}{\frac{8\ 000}{1\ 600} + \frac{33\ 000}{2\ 200} + \frac{54\ 000}{3\ 000} + \frac{40\ 000}{4\ 000} + \frac{11\ 000}{5\ 500}}$$

$$= \frac{8\ 000 + 33\ 000 + 54\ 000 + 40\ 000 + 11\ 000}{5 + 15 + 18 + 10 + 2}$$

$$= 2\ 920(\text{元} / \text{人})$$

与前面按加权算术平均数计算的结果完全相同。即平均工资为:

$$\bar{x} = \frac{\sum xf}{\sum f} = \frac{1\ 600 \times 5 + 2\ 200 \times 15 + 3\ 000 \times 18 + 4\ 000 \times 10 + 5\ 500 \times 2}{5 + 15 + 18 + 10 + 2}$$

$$= 2\ 920(\text{元} / \text{人})$$

（三）调和平均数和算术平均数的关系

$$\text{加权调和平均数 } H = \frac{\sum m}{\sum \frac{m}{x}} = \frac{\sum xf}{\sum f} = \bar{x}(\text{加权算式平均数,令 } m = xf)$$

从上述关系式可见：在 $m = xf$ 的条件下，根据同一标志值（x）的资料，采用加权调和平均数计算平均指标与采用加权算术平均数计算平均指标的结果完全相同，因为两者均符合总体标志总量（$\sum xf$）与总体单位总量（$\sum f$）的对比关系，所以，加权调和平均数是加权算术平均数的变形。

两者的不同在于计算平均指标时应用的权数资料不同，加权算术平均数是以各组单位数（f）为权数，加权调和平均数是以各组标志总量（$m = xf$）为权数。

例 4－16 某企业的产值计划完成程度、企业数和实际产值资料见表 4－17。

表 4－17 按产值计划完成率分组的某企业的实际产值情况

产值计划完成程度（%）	企业数	实际产值（万元）
90 ~ 100	5	475
100 ~ 110	8	4 200
110 ~ 120	2	575
合计	—	5 250

试计算该企业的平均产值计划完成程度。

解：该企业工人的平均工资计算过程见表 4－18。

表 4－18 实际产值与计划产值的计算表

产值计划完成程度（%）	企业数	组中值 x	实际产值（万元） $m = xf$	计划产值（万元） $f = m/x$
90 ~ 100	5	95	475	500
100 ~ 110	8	105	4 200	4 000
110 ~ 120	2	115	575	500
合计	—	—	5 250	5 000

$$\text{产值计划完成程度}(x) = \frac{\text{各组实际产值(各组标志总量 } xf = m)}{\text{各组计划产值(各组单位数 } f)}$$

平均产值计划完成程度为：

$$H=\frac{\sum m}{\sum \frac{m}{x}}=\frac{475+4\,200+575}{\frac{475}{0.95}+\frac{4\,200}{1.05}+\frac{575}{1.15}}=\frac{475+4\,200+575}{500+4\,000+500}=\frac{5\,250}{5\,000}=105\%$$

与前面按加权算术平均数计算的结果完全相同,即平均产值计划完成程度为:

$$\bar{x}=\frac{\sum xf}{\sum f}=\frac{0.95\times 500+1.05\times 4\,000+1.15\times 500}{500+4\,000+500}=\frac{5\,250}{5\,000}=105\%$$

例 4 - 17 某种蔬菜早、中、晚的价格及购买金额资料见表 4 - 19。

表 4 - 19 市场上某种蔬菜早、中、晚的价格及采购金额

时间	价格(元/千克)	购买金额(元)
早	1.20	24
中	1.10	33
晚	1.00	70
合计	—	127

试计算该种蔬菜的平均购买价格。

解:该种蔬菜平均购买价格计算过程见表 4 - 20。

表 4 - 20 某种蔬菜早、中、晚购买数量的计算

时间	价格(元/千克) $m=xf$	购买金额(元) $m=xf$	购买量(千克) $f=m/x$
早	1.20	24	20
中	1.10	33	30
晚	1.00	70	70
合计	—	127	120

$$\text{蔬菜平均购买价格}(x)=\frac{\text{蔬菜购买金额}(xf)}{\text{蔬菜购买量}(f)}$$

蔬菜平均购买价格为:

$$H=\frac{\sum m}{\sum \frac{m}{x}}=\frac{24+33+70}{\frac{24}{1.20}+\frac{33}{1.10}+\frac{70}{1.00}}=\frac{24+33+70}{20+30+70}=\frac{127}{120}=1.06(\text{元/千克})$$

(四)调和平均数的应用场合

(1)在采用算术平均数计算平均指标时,由于资料的限制,当我们无法直接得到被平均标志值(x)相对应的各组单位数(f)时,可通过调和平均数的形式以求出所需的各组单位数(f)。

(2)在由相对数或平均数计算平均指标时,如果掌握的权数资料是相对数或平均数的母项数值(各组单位数f)时,应采用加权算术平均数计算;如果掌握的权数资料是相对数或平均数的子项数值(各组标志总量xf)时,应采用加权调和平均数计算。

(五)调和平均数的特点

(1)调和平均数易受极端标志值和开口组的影响。

(2)当数列中某项标志值为零时,则无法计算调和平均数。

四、几何平均数

(一)几何平均数的概念和应用场合

1. 几何平均数(G)的概念

几何平均数是分布数列中n个单位标志值连乘积的n次方根。

2. 应用场合

计算现象的平均比率或平均速度,当变量值的连乘积等于总比率或总速度,适合用几何平均数。

(二)几何平均数的计算方法

几何平均数根据所掌握资料的不同,其计算分为简单几何平均数和加权几何平均数两种方法。

1. 简单几何平均数(适用于计算未分组数列的平均比率或平均速度)

简单几何平均数的计算公式为:

$$G = \sqrt[n]{x_1 \cdot x_2 \cdot x_3 \cdot \cdots \cdot x_n} = \sqrt[n]{\Pi x}$$

式中,G为几何平均数,x为各单位标志值,n为标志值的个数,Π为连乘符号。

例4-18 我国2007—2011年钢产量各年环比发展速度资料见表4-21。

表4-21 我国2007—2011年钢产量的逐年环比发展速度

年份	2006	2007	2008	2009	2010	2011
钢产量(万吨)	41 878	48 924	50 092	56 784	62 696	68 388
环比发展速度(%)	—	116.83	102.39	113.40	110.41	109.08

试计算我国2007—2011年钢产量年平均发展速度。

解:钢产量年平均发展速度计算过程见表4-22。

表4-22 我国2007—2011年钢产量年平均发展速度的计算过程表

年份	2006	2007	2008	2009	2010	2011
钢产量(万吨)	a_0 41 878	a_1 48 924	a_2 50 092	a_3 56 784	a_4 62 696	a_5 68 388
环比发展速度(%)	—	$x_1=\frac{a_1}{a_0}$ 116.83	$x_2=\frac{a_2}{a_1}$ 102.39	$x_3=\frac{a_3}{a_2}$ 113.40	$x_4=\frac{a_4}{a_3}$ 110.41	$x_5=\frac{a_5}{a_4}$ 109.08

钢产量平均发展速度为:

$$
\begin{aligned}
G &= \sqrt[n]{x_1 \cdot x_2 \cdot x_3 \cdot \cdots \cdot x_n} \\
&= \sqrt[5]{1.1683 \times 1.0239 \times 1.1340 \times 1.1041 \times 1.0908} \\
&= 106.45\%
\end{aligned}
$$

2. 加权几何平均数(计算分组数列的平均比率或速度),即当标志值次数不同时采用。

加权几何平均数的计算公式为:

$$G = \sqrt[\sum f]{x_1^{f_1} \cdot x_2^{f_2} \cdot x_3^{f_3} \cdot \cdots \cdot x_n^{f_n}}$$

例 4 - 19 某企业 2000—2011 年产值发展速度见表 4 - 23。

表 4 - 23 某企业 2000—2011 年产值发展速度与次数的数据表

时　期	环比发展速度(%)	次数 f
2000—2003 年	102	3
2003—2008 年	104	5
2008—2009 年	98	1
2009—2011 年	103	2

试计算 2000—2011 年钢产量年平均发展速度。

解:产值平均速度计算过程如下:

$$
\begin{aligned}
G &= \sqrt[\sum f]{x_1^{f_1} \cdot x_2^{f_2} \cdot x_3^{f_3} \cdot \cdots \cdot x_n^{f_n}} \\
&= \sqrt[11]{1.02^3 \times 1.04^5 \times 0.98^1 \times 1.03^2} \\
&= 102.71\%
\end{aligned}
$$

(三) 几何平均数的特点

(1) 几何平均数易受极端标志值的影响。

(2) 数列(总体)中某一标志值为零或为负数时,则无法计算几何平均数。

(四) 几何平均数、算术平均数和调和平均数的关系

三种平均数有其各自的应用条件和特点,但从数量关系上看,存在某些规律性的东西。对同一资料分别用三种方法计算,其结果是算术平均数最大,几何平均数次之,调和平均数最小,只有当所有变量值都相同时,三者的结果才能相等。

三者关系式用不等式表示为:

$$\bar{x} \geqslant G \geqslant H$$

$$\frac{x_1 + x_2}{2} \geqslant \sqrt{x_1 \cdot x_2} \geqslant \frac{2}{\frac{1}{x_1} + \frac{1}{x_2}}$$

五、众数和中位数

算术平均数、调和平均数和几何平均数是根据总体各单位标志值计算的,

所以称为数值平均数。众数和中位数不是根据总体和全部标志值计算的，而是根据与其所处的特殊位置有关的一部分标志值计算的，故众数和中位数是两个位置的平均数。

（一）众数

1. 众数的概念

众数就是分布数列中最常出现（频数或频率最大）的标志值，数列中最常出现的标志值说明该标志值最具有代表性，因此可以只反映数列的一般水平。

例 4 - 20 某集贸市场某种商品价格及商户资料见表 4 - 24。

表 4 - 24 某集贸市场某种商品的价格与商户个数

商品价格（元／千克）	商户 f（户）
1.5	1
1.6	4
1.8	15
2.2	3
2.4	2
合计	25

试确定众数。

解：商品价格为 1.8 元／千克便是众数。

2. 确定众数的方法

（1）由单项式数列确定众数（见表 4 - 20）。

（2）由组距式数列确定众数。

由组距式数列确定众数：先确定众数组，即次数最多的一组，而后运用下面的公式计算众数的近似值。

$$M_0 = L + \frac{\Delta_1}{\Delta_1 + \Delta_2} \times d = U - \frac{\Delta_2}{\Delta_1 + \Delta_2} \times d$$

或

$$M_0 = L + \frac{(f_m - f_{m-1})}{(f_m - f_{m-1}) + (f_m - f_{m+1})} \times d$$

式中，L 为众数所在组的下限，U 为众数所在组的上限，Δ_1 为众数组频数与其前一组频数之差，Δ_2 为众数组频数与其后一组频数之差，d 为众数所在组的组距。

例 4 - 21 某年度某乡农民家庭有关资料见表 4 - 25。

表 4－25　某年度某乡农民家庭按年人均纯收入分组

农民家庭按年人均纯收入分组(元)	家庭数(户)
4 000 ～ 4 200	240
4 200 ～ 4 400	480 f_{m-1}
4 400 ～ 4 600	1 050 f_m
4 600 ～ 4 800	600 f_{m+1}
4 800 ～ 5 000	270
5 000 ～ 5 200	210
5 200 ～ 5 400	120
5 400 ～ 5 600	30
合计	3 000

试确定众数和中位数。

解:该乡农民家庭年人均纯收入(众数)为:

$$M_0 = L + \frac{(f_m - f_{m-1})}{(f_m - f_{m-1}) + (f_m - f_{m+1})} \times d$$

$$= 4\,400 + \frac{1\,050 - 480}{1\,050 - 480 + 1\,050 - 600} \times 200$$

$$= 4\,511.8(\text{元})$$

3. 众数的特点和应用条件

(1) 众数的特点

众数是一种位置平均数,不受极端标志值或开口组的影响。所以,当总体再现极端标志值时,众数比算术平均数更能反映总体各单位标志值的一般水平。

(2) 众数的应用条件

在分配数列中,当标志值的次数有明显集中趋势的情况下,才能确定众数。故在分配数列中,当标志值的次数没有明显集中趋势或呈均匀分布的情况下,不存在众数。

(二) 中位数

1. 中位数的概念

将分布数列中各单位标志值依其大小顺序排列,位于中间位置的标志值称为中位数(M_e)。

中位数表明,数列中有一半单位的标志值小于中位数,一半单位的标志值大于中位数。例如,9 名工人每人日产零件数按低到高的顺序排列如下:15、17、19、20、22、23、23、24、25 件/人,则中位数为 22 件/人。这个数字反映了工人总体日产零件数的一般水平。

2. 中位数的特点

（1）它是一种位置平均数，不受极端标志值或开口组的影响。

因为中位数的确定仅取决于它在数列中的位置，所以它不受少数极端标志值的影响，在这一点上它优于算术平均数。因此在某些场合，用中位数来表示现象的一般水平比算术平均数更确切。

（2）中位数的数学性质就是总体各单位标志值与其中位数的绝对离差的总和是一个最小值。即

$$\sum |x - M_e| = \text{最小值}$$

3. 确定中位数的方法

（1）由未分组数列确定中位数。根据下列公式确定：

$$M_e = \text{第}\left(\frac{n+1}{2}\right)\text{个标志值}$$

确定中位数时要注意 n 为奇数和偶数的不同。

（2）由分组数列确定中位数。

第一步：确定中位数所在组（采用向上或向下累计方法）。

第二步：根据下列公式确定中位数的近似值。即

$$M_e = L + \frac{\frac{\sum f}{2} - S_{m-1}}{f_m} \times d = U - \frac{\frac{\sum f}{2} - S_{m+1}}{f_m} \times d$$

式中，L 为中位数所在组的下限，$\sum f$ 为数列的频数总和，$\frac{\sum f}{2}$ 为中位数的位次，f_m 为中位数所在组的频数，S_{m-1} 为中位数所在组之前那一组的向上累计频数。

根据例 4 – 21 的有关资料计算该乡农民家庭年人均纯收入的中位数。

解：该乡农民家庭年人均纯收入，即中位数为：

$$M_e = L + \frac{\frac{\sum f}{2} - S_{m-1}}{f_m} \times d = 4\,400 - \frac{\frac{3\,000}{2} - 720}{1\,050} \times 200 = 4\,548.6\text{（元）}$$

六、各种平均数之间的关系

（一）几何平均数、算术平均数与调和平均数的关系

对同一资料用三种方法计算，其结果是算术平均数最大，几何平均数次之，调和平均数最小。只有当所有变量值都相同时，三者计算结果才相等。即

$$\bar{x} \geqslant G \geqslant H$$

（二）算术平均数与众数、中位数的关系

1. 对称钟型分布

对称钟型分布如图 4 – 1 所示。

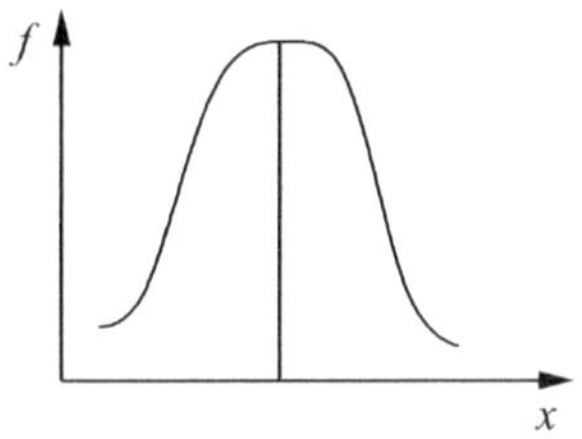

$M_0 = M_e = \bar{x}$

图 4 - 1　对称钟型分布

2. 钟型偏态分布

(1) 右偏分布，即多数标志值居数轴左边。如图 4 - 2 所示。

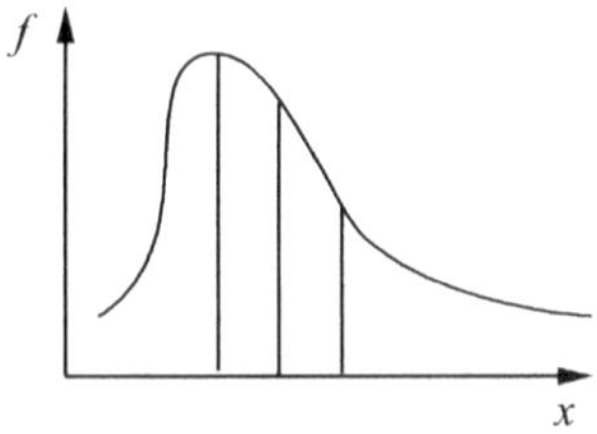

$M_0 < M_e < \bar{x}$

图 4 - 2　右偏分布

(2) 左偏分布，即多数标志值居数轴右边。如图 4 - 3 所示。

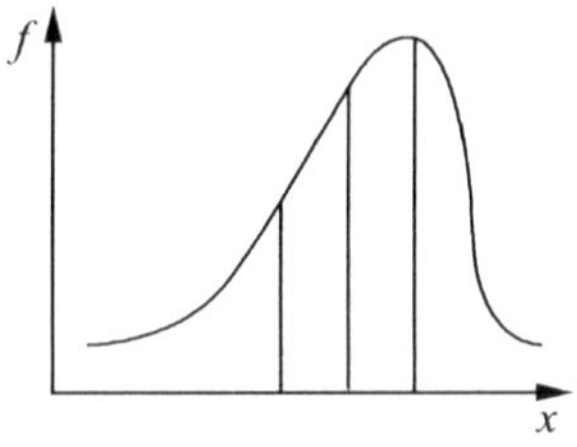

$\bar{x} < M_e < M_0$

图 4 - 3　左偏分布

七、平均指标的应用

1. 社会经济现象的同质性

各单位在被平均的标志上具有同类性。这是计算平均指标的基本前提，也是应用平均指标首先应遵循的原则。

2. 用分配数列补充说明平均数

用分配数列说明总体具体情况，以显示被平均数抽象掉的各单位差异及其分布。

3. 用组平均补充总体平均数

用平均数反映总体分布的集中趋势。

用变异指标说明总体的离散程度，以得出较全面的认识，同时评价平均指标的代表性高低。

4. 平均指标和变异指标相结合

用平均数反映总体分布的集中趋势，用变异指标说明总体的离散程度，以得出较全面的认识，同时评价平均指标的代表性高低。

5. 一般和个别相结合

平均数和典型事例相结合。

第四节　变异指标

一、变异指标的概念

标志变异指标（又称标志变动度），它是反映分布数列（总体）中各单位标志值差异程度的综合指标。它从另一个角度反映总体的特征。

平均指标是说明总体各单位某一数量标志一般水平的综合指标。它可以反映总体变量（各单位标志值）分布的集中趋势，即它是反映总体的一个重要特征值。但是，平均指标将总体各单位标志值的差异抽象化了，是总体各单位标志值的代表水平，它不能反映总体各单位标志值的差异情况。

例 4－22　有 A、B 两个组的学生考分资料见表 4－26。

表 4－26　A、B 两组学生某科考试成绩

学生序号	学生考分（分）	
	A 组	B 组
甲	65	68
乙	70	70
丙	75	76
丁	80	80
戊	85	81
合计	375	375

试问 A、B 两组哪一组学生的平均考分更有代表性？

解：A 组学生平均考分：$\bar{x}_A = 75$（分／人）

B 组学生平均考分：$\bar{x}_B = 75$（分／人）

由图 4－4 可见，A 组学生考分变异大，B 组学生考分变异小，所以 B 组学生平均考分的代表性高于 A 组。

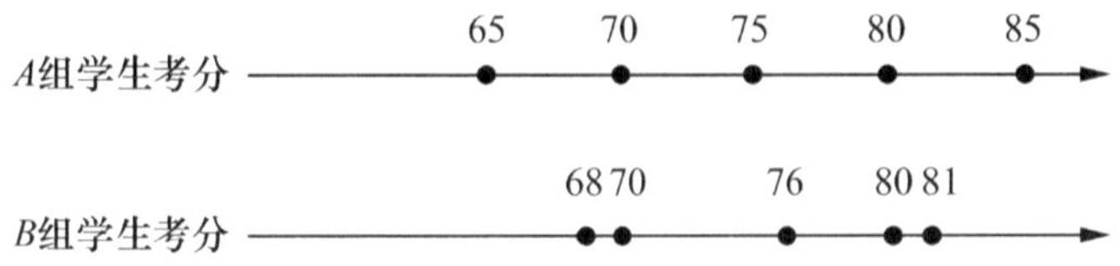

图 4－4 A、B 两组学生的考分比较

二、标志变异指标的作用

标志变异指标有以下几个方面的作用：

(1) 它可以说明总体各单位变量值分布的离中趋势。

(2) 它是衡量平均数代表性的尺度。标志变异指标与平均数的代表性成反比，表明总体各单位标志值的分散程度。标志变异指标数值越大，平均数的代表性越小；标志变异指标数值越小，平均数的代表性越大。

(3) 它可以反映社会经济活动过程的均衡性或稳定性程度。

(4) 它还是抽样分析和相关分析的重要指标。

注意：标志变异指标的作用是在与平均指标结合中产生的，离开了平均指标，它就失去了意义；而它与平均指标相结合，则可全面反映总体的特征，并对平均指标的代表性做出评价。

三、变异指标的种类和计算方法

变异指标包括：全距、平均差、标准差和变异系数。

(一) 全距

全距是标志值数列（总体）中最大值与最小值之差，又称“极差”。它说明标志值的变动范围，一般用 R 表示，用公式表示为：

$$全距 = 最大标志值 - 最小标志值$$

全距是测定标志变动值的一种粗略方法，可用于检查产品质量的稳定性和进行质量控制。其特点是计算简单、含义明确，对于测定对称分布的数列具有特殊优点；但是，全距仅取决于两个极端数值，带有较大的偶然性，不能全面反映总体各单位标志值变异的程度，也不能用来评价平均指标的代表性。

(二) 平均差

1. 平均差的概念

平均差是分布数列（总体）中各单位标志值与其算术平均数之间离差绝对值的平均数。一般用 M_D 表示。

2. 平均差的计算方法

由于掌握的资料不同，平均差的计算可分为简单平均差和加权平均差两种形式，即

平均差的计算方法 $\begin{cases} \text{简单平均差}: M_D = \dfrac{\sum |x-\bar{x}|}{n} & \text{（未分组数列）} \\ \text{加权平均差}: M_D = \dfrac{\sum |x-\bar{x}| f}{\sum f} & \text{（分组数列）} \end{cases}$

显然，平均差弥补了全距之不足，它考虑了所有的标志值，能较好地反映总体各单位标志值的平均差异（离散）的程度。

在计算平均离差时，要保证正、负离差和不至于在计算中相互抵消为零，则需要取它们的绝对值。其在数学处理上有困难，不符合代数方法演算，具有局限性。

例 4－23 根据表 4－26 的资料，试问 A、B 两组哪一组学生的平均考分更有代表性？

解：计算分析过程见表 4－27。

表 4－27 A、B 两组学生某科考试成绩的平均差计算表

学生序号	学生考分（分）		平均数离差	离差绝对值	平均数离差	离差绝对值
	x_A	x_B	$x_A-\bar{x}_A$	$\lvert x_A-\bar{x}_A\rvert$	$x_B-\bar{x}_B$	$\lvert x_B-\bar{x}_B\rvert$
甲	65	68	－10	10	－7	7
乙	70	70	－5	5	－5	5
丙	75	76	0	0	1	1
丁	80	80	5	5	5	5
戊	85	81	10	10	6	6
合计	375	375	—	30	—	24

因为 $\bar{x}_A = \bar{x}_B$，所以

$$M_{DA} = \frac{\sum |x_A-\bar{x}_A|}{n} = \frac{30}{5} = 6(\text{分}/\text{人})$$

$$M_{DB} = \frac{\sum |x_B-\bar{x}_B| f}{\sum f} = \frac{24}{5} = 4.8(\text{分}/\text{人})$$

因为 $M_{DA} > M_{DB}$，所以，B 组学生平均考分比 A 组学生平均考分更具有代表性。

（三）标准差

1. 标准差的概念

标准差是分布数列（总体）中各单位标志值与其算术平均数离差平方的平均数的平方根，即标准差是各变量值离差平方的平均数的平方根，又叫均方差，用 σ 表示，而 σ^2 称为方差。

标准差是测定标志变动程度的最主要的指标，标准差的实质与平均差基本

相同,只是在数学处理方法上与平均差不同,平均差是用取绝对值的方法消除离差的正、负号,然后用算术平均的方法求出平均离差;而标准差是用平方的方法消除离差的正、负号,然后对离差的平方计算算术平均数,并开方求出标准差。

2. 标准差的计算方法

由于掌握的资料不同,标准差的计算可分为简单标准差和加权标准差两种形式。即

$$\text{标准差的计算方法}\begin{cases}\text{简单平均差}:\sigma = \sqrt{\dfrac{\sum (x-\bar{x})^2}{r}} & \text{(未分组数列)}\\ \text{加权平均差}:\sigma = \sqrt{\dfrac{\sum (x-\bar{x})^2 f}{\sum f}} & \text{(分组数列)}\end{cases}$$

例 4－24 根据表 4－26 中资料,试问 A、B 两组哪一组学生的平均考分更有代表性?

解:计算分析过程见表 4－28。

表 4－28 A、B 两组学生某科考试成绩的标准差计算表

学生序号	考分(分) x_A	考分(分) x_B	平均数离差 $x_A-\bar{x}_A$	离差平方 $(x_A-\bar{x}_A)^2$	平均数离差 $x_B-\bar{x}_B$	离差平方 $(x_B-\bar{x}_B)^2$
甲	65	68	－10	100	－7	49
乙	70	70	－5	25	－5	25
丙	75	76	0	0	1	1
丁	80	80	5	25	5	25
戊	85	81	10	100	6	36
合计	375	375	—	250	—	136

因为 $\bar{x}_A = \bar{x}_B = 75$(分/人),所以

$$\sigma_A = \sqrt{\frac{\sum (x_A-\bar{x}_A)^2}{n}} = \sqrt{\frac{250}{5}} = 7.07\text{(分/人)}$$

$$\sigma_B = \sqrt{\frac{\sum (x_B-\bar{x}_B)^2}{n}} = \sqrt{\frac{136}{5}} = 5.2\text{(分/人)}$$

因为 $\sigma_A > \sigma_B$,所以,B 组学生平均考分比 A 组学生平均考分更有代表性。

(四) 变异系数

标准差(或平均差) 其数值的大小不但取决于数列各单位标志值的差异程度,而且要受其数列平均水平高低的影响,并且在反映标志值的差异程度时还需有计量单位。因此,如果两个数列平均水平不同,或两个数列标志值的计量单位不同时,要比较其数列的变动度(比较其数列平均数的代表性大小),这时需

要消除平均水平不同或计量单位不同的影响，计算标志变异系数。

标志变异系数是分布数列（总体）中，标志变异指标（全距、平均差或标准差）与其算术平均数之比，以反映标志值差异的相对水平，即变异系数是反映单位平均水平下的标志值的离散程度，常用的是标准差系数。

$$变异系数 = \frac{变异指标(\sigma、M_D 或 R)}{算术平均数(\bar{x})}$$

标准差系数的计算方法如下：

$$\nu_{甲} = \frac{\sigma}{\bar{x}}$$

例 4－25 有 A、C 两个组的学生某科考分资料见表 4－29。

表 4－29 A、C 两组学生某科考分资料

学生序号	学生考分（分）	
	A 组	C 组
甲	65	79
乙	70	85
丙	75	90
丁	80	95
戊	85	100
合计	375	449

试问 A、C 两组哪一组学生的平均考分更有代表性？

解：计算分析过程见表 4－30。

表 4－30 A、C 两组学生某科考分的标准差计算表

学生序号	考分（分）		平均数离差	离差绝对值	平均数离差	离差绝对值的平方
	x_A	x_C	$x_A - \bar{x}_A$	$(x_A - \bar{x}_A)^2$	$x_C - \bar{x}_C$	$(x_C - \bar{x}_C)^2$
甲	65	79	－10	100	－11	121
乙	70	85	－5	25	－5	25
丙	75	90	0	0	0	1
丁	80	95	5	25	5	25
戊	85	100	10	100	10	100
合计	375	449	—	250	—	271

因为 $\bar{x}_A = 75$（分／人），$\bar{x}_C = 90$（分／人），所以

$$\sigma_A = \sqrt{\frac{\sum (x_A - \bar{x}_A)^2}{n}} = \sqrt{\frac{250}{5}} = 7.07(分/人)$$

$$\nu_{\sigma_A} = \frac{\sigma}{\bar{x}} = \frac{7.07}{75} = 0.094\,3$$

$$\sigma_C = \sqrt{\frac{\sum (x_C - \bar{x}_C)^2}{n}} = \sqrt{\frac{271}{5}} = 7.36(\text{分/人})$$

$$\nu_{\sigma_C} = \frac{\sigma}{\bar{x}} = \frac{7.36}{90} = 0.0818$$

因为 $\nu_{\sigma_A} > \nu_{\sigma_C}$,所以,$C$ 组学生平均考分比 A 组学生平均考分更有代表性。

注意:标准差与标准差系数的不同应用条件。

在比较两个不同数列(总体)标志变异程度大小(或说明其平均数代表性大小)时,当其平均水平相同时,可直接计算标准差进行比较;当其平均水平不相同(或其计量单位不同)时,需消除平均水平不同或计量单位不同的影响,计算标准差系数进行比较。

练习:甲、乙两个农场有关资料见表4-31。

表4-31　甲、乙两农场亩产量与相关数据资料

指　标	甲农场	乙农场
亩数(亩)	8 000	10 000
平均亩产量(斤/亩)	1 000	1 200
标准差(斤/亩)	15	17

试问甲、乙两个农场,哪一个农场粮食平均亩产量更具有代表性?

解:$\nu_{\sigma_{甲}} = \frac{\sigma}{\bar{x}} = \frac{15}{1\,000} = 0.015$

$\nu_{\sigma_{乙}} = \frac{\sigma}{\bar{x}} = \frac{17}{1\,200} = 0.014$

因为 $\nu_{\sigma_{甲}} > \nu_{\sigma_{乙}}$,所以,乙农场的粮食平均亩产量更有代表性。

第五节　是非标志的总体平均数和标准差

一、是非标志(属性)总体的成数

总体按所研究标志不同,可分为变量总体(研究数量标志的总体)和属性总体(研究品质标志的总体)。

在属性总体中,当所研究的标志其表现只有两种属性,即"是"或"非"时,将该属性总体标为是非标志总体。例如,

① 学生按性别分组 { 男生(是)；女生(非) }

② 企业按经济类型分组 { 国有企业(是)；集体企业、个体企业、其他企业 }(非)

在是非标志(属性)总体中,设总体有 N 个单位,其中有 N_1 个单位具有某种性质或属性(是的属性),有 N_0 个单位不具有某种性质或属性(非的属性),即

$$N_1 + N_0 = N$$

则,成数 $P = \frac{N_1}{N}$,即总体中具有某种性质或属性单位数在总体中所占的比重;成数 $Q = \frac{N_0}{N}$,即总体中不具有某种性质或属性单位数在总体中所占的比重。

$$P + Q = 1 \quad Q = 1 - P$$

二、是非标志(属性)总体的平均数

由于品质标志(是非标志)的表现不能用数值表示,为了研究问题方便,我们可以将品质标志(是非标志)数量化。用1表示单位标志为"是"的标志值(具有某种性质的单位的标志值),用0表示单位标志为"非"的标志值(不具有某种性质的单位的标志值),性别分类与符号表达见表4–32。

表4–32 性别分类与符号表达

性别	标志值 x	单位数 f	频率(概率) $\frac{f}{\sum f}$
男(是)	1	N_1	P
女(非)	0	N_0	Q
合计	—	N	1

是非标志(属性)总体的平均数为:

$$\bar{x}_P = \frac{N_1}{N} = P$$

因为变量总体的平均数为:

$$\bar{x} = \frac{\sum xf}{\sum f} = \sum x \cdot \frac{f}{\sum f}$$

所以

$$\bar{x}_P = \sum x \cdot \frac{f}{\sum f} = 1 \times \frac{N_1}{N} + 0 \times \frac{N_0}{N} = \frac{N_1}{N} = P$$

三、是非标志(属性)总体的标准差

是非标志(属性)总体的标准差为:

$$\sigma_P = \sqrt{P(1 - P)} = \sqrt{PQ}$$

因为变量总体的标准差为:

$$\sigma = \sqrt{\frac{\sum (x-\bar{x})^2 f}{\sum f}}$$

所以

$$\sigma_P = \sqrt{\frac{\sum (x-\bar{x}_P)^2 f}{\sum f}} = \sqrt{\frac{(1-P)^2 N_1 + (0-P)^2 N_0}{N}}$$

$$= \sqrt{(1-P)^2 P + (0-P)^2 (1-P)} = \sqrt{P(1-P)} = \sqrt{PQ}$$

注意:当成数$P = 0.5$时,是非标志(属性)总体的方差(成数的方差)最大,即

$$\sigma_P{}^2 = P(1-P) = 0.5 \times 0.5 = 0.25$$

课堂练习

一、单项选择题

1. 人均粮食消费量是一个 ( )

A. 强度相对指标　　B. 结构相对指标

C. 比较相对指标　　D. 平均指标

答案:D。

2. 权数对算术平均数的影响作用,实质上取决于 ( )

A. 各组标志值占总体标志总量比重的大小

B. 作为权数的各组单位数占总体单位数比重的大小

C. 标志值本身的大小

D. 各组单位数的多少

答案:B。

3. 已知两个同类型企业的职工工资水平的标准差分别为5元/人、6元/人,则甲、乙两个企业职工平均工资的代表性是 ( )

A. 一样的　　B. 甲企业 > 乙企业

C. 甲企业 < 乙企业　　D. 无法判断

答案:D。

二、多项选择题

1. 在什么条件下,加权算术平均数等于简单算术平均数 ( )

A. 各组次数相等　　B. 各组变量值不等

C. 变量数列为组距数列　　D. 各组次数都为1

E. 各组次数占总次数的比重相等

答案:ADE。

2. 权数对平均数的影响作用表现在 (　　)

A. 当标志值较大的组次数较多时,平均数接近了标志值较大的一方

B. 当标志值较小的组次数较少时,平均数接近了标志值较小的一方

C. 当标志值较大的组次数较少时,平均数接近了标志值较大的一方

D. 当标志值较小的组次数较多时,平均数接近了标志值较小的一方

E. 当各组次数相同时,对平均数没有作用

答案:ADE。

三、填空题

某厂生产了三批产品,第一批产品的废品率为1%,第二批产品的废品率为1.5%,第三批产品的废品率为2%;第一批产品数量占这三批产品总数的25%,第二批产品数量占这三批产品总数的30%,则这三批产品的废品率为________。

答案:1.6%。

四、简答题

简述加权算术平均数与加权调和平均数的异同。

参考答案:算术平均数和调和平均数的计算都符合总体标志总额除以总体单位总量这一基本原理,且当 $m = xf$ 时,两者存在着变形关系。在实际计算平均数时,由于所掌握的资料不同,计算方法也不同,如果掌握被平均标志值的次数时用加权算术平均法,已知标志总量时用加权调和平均法;在由相对数或平均数计算平均数时,如掌握相对数或平均数的分母资料时用算术平均数计算,如掌握其分子资料时用调和平均数计算。

五、计算题

1. 某地有20家商店,2011年第四季度的统计资料见表4-33所示。

表4-33　某地20家商店2011年第四季度销售资料

按商品销售计划完成情况分组(%)	商店数目	实际商品销售额(万元)	流通费用率(%)
80 ~ 90	3	91.8	14.8
90 ~ 100	4	136.8	1.2
100 ~ 110	8	68.8	12.0
110 ~ 120	5	188.6	11.0

试计算:

(1) 该地 20 家商店平均销售计划完成指标。

(2) 该地 20 家商店总的流通费用率。

[提示:(流通费用率 = 流通费用/实际销售额) 某地有 20 家商店,2010 年第四季度均值的计算见表 4 - 34。]

参考答案:

(1) 20 家商店的平均销售计划完成程度 = 总的实际销售额/总的计划销售额,缺分母资料用加权调和平均数。列表计算见表 4 - 34。

$$H = \frac{\sum m}{\sum \frac{m}{x}} = \frac{1\,352.1}{1\,242.14} = 108.85\%$$

结果表明 20 家商店的平均销售计划超额完成 8.85%。

表 4 - 34　该地 20 家商店平均销售计划完成指标的计算

按商品销售计划完成情况分组 (%)	组中值 x	实际销售额(万元) m	计划销售额 m/f
80 ~ 90	85	140.250	16.50
90 ~ 100	95	27.075	28.50
100 ~ 110	105	690.000	657.14
110 ~ 120	115	621.000	40.00
合计	—	1 352.100	1 242.14

(2) 总的流通费用率 = 流通费用额/实际销售额,缺分子资料用加权算术平均数。列表计算见表 4 - 35。

表 4 - 35　该地 20 家商店总流通费用率的计算

流通费用率 % x	实际销售额(万元) f	流通费用额(万元) xf
14	14.025	1.963 5
12	27.075	324.900 0
11	690.000	75.900 0
11	621.000	62.100 0
合计	1 352.100	463.963 5

$$\bar{x} = \frac{\sum xf}{\sum f} = \frac{463.963\,5}{1\,352.1} = 34.31\%$$

20 家商店的流通费用率为 34.31%。

2. 已知甲企业的工人每周工资资料见表 4 - 36。

表 4－36　甲企业 60 名工人周工资资料

周工资额(元)x	工人数(人)f
625	4
675	10
850	16
925	20
975	7
1 075	3
合计	60

要求计算甲企业工人的周平均工资和标准差，若已知乙企业工人的周平均工资为 874.96 元，标准差为 122.32 元。问：甲、乙两企业工人周平均工资的代表性哪一个更高些？能否用标准差直接比较？

参考答案：列表计算见表 4－37。

表 4－37　甲企业 60 名工人周工资计算表

周工资额(元)x	工人数(人)f	工资总额(元)xf	$(x-\bar{x})^2 f$
625	4	2 500	214 683.96
675	10	6 750	330 039.89
850	16	13 600	711.82
925	20	18 500	93 379.78
975	7	6 825	98 013.92
1075	3	3 225	143 003.97
合计	60	51 400	87 933.02

先计算甲企业的平均数和标准差如下：

$$\bar{x}=\frac{\sum xf}{\sum f}=\frac{51\,400}{60}=856.67(\text{元})$$

$$\sigma=\sqrt{\frac{\sum(x-\bar{x})^2 f}{\sum f}}=\sqrt{\frac{87\,933.02}{60}}=121.09(\text{元})$$

因为甲、乙两企业工人平均工资水平不等，因此不能直接用标准差比较其平均数的代表性，应计算标准差系数，然后再进行比较。

$$\nu_{\text{甲}}=\frac{\sigma}{\bar{x}}\times 100\%=\frac{121.09}{856.67}\times 100\%=14.13\%$$

$$\nu_{\text{乙}}=\frac{\sigma}{\bar{x}}\times 100\%=\frac{122.32}{874.96}\times 100\%=13.98\%$$

由于变异指标数值的大小与平均数的代表性高低成反比,所以上述计算结果表明,乙企业工人周平均工资的代表性高于甲企业,如果不计算标准差系数,直接用标准差比较就会得出相反的错误结论。

思考题

1. 简述总量指标的概念、作用和种类。

2. 总体单位总量和总体标志总量、时期指标与时点指标如何区别?

3. 相对数的表现形式如何?它有哪几种?为什么要多种相对指标结合运用?

4. 强度相对指标和平均指标有什么区别?

5. 简述平均指标的概念、特点、种类、作用。

6. 结构相对指标、比例相对指标和比较相对指标有什么不同特点?强度相对指标和其他相对指标的主要区别是什么?

7. 如何理解权数的意义?在什么情况下,应用简单算术平均数与加权算术平均数计算结果是一样的?请举例说明。

8. 加权算术平均数与加权调和平均数之间的关系如何?

9. 什么是众数和中位数?它们有什么特点?

10. 什么是标志变动度?它有什么作用?

11. 为什么要计算标准差系数?

附录

统计的概括性度量计算机操作步骤

例 4 - 26　40 名学生的英语成绩如下,输入数据:

58 56 62 29 91 81 53 94 93 79 73 77 59 59 48 60 67 58 58 82

72 59 37 50 53 53 55 81 51 66 86 57 64 73 76 81 68 72 64 58

要求:

(1) 输出适当的统计量,如最高分、最低分、平均分、中位数和众数等。

(2) 绘制散点图,说明哪些分数附近的学生最多。

(3) 按英语成绩排序,并列出前 5 名同学的分数。

用 Excel 计算平均数、标准差等描述性统计量有两种方法:一是用函数,二是用“数据分析”工具。

具体的计算机操作步骤如下：

(1) 第一次使用“数据分析”时，需在 Excel 工具菜单中选“加载宏”，选“分析工具库”。这样在“工具”菜单中就会出现“数据分析”。

① 把 40 名学生的英语成绩输入 Excel 中。

② 打开“工具”菜单，选择“数据分析”选项，打开“数据分析”对话框，如图 4－5 所示。

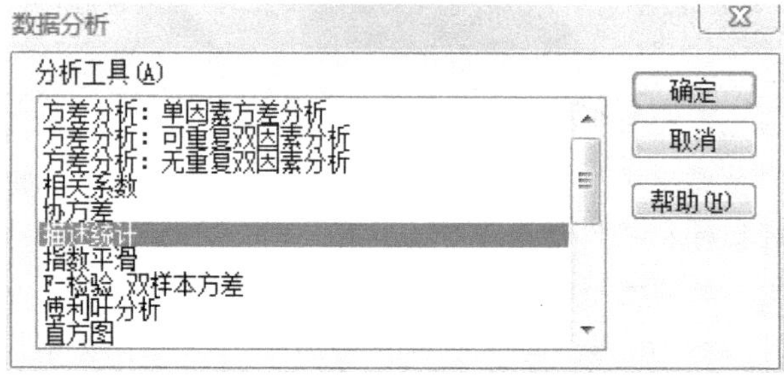

图 4－5 “数据分析”对话框

③ 双击“描述统计”项或先单击此项再选择“确定”按钮，打开“描述统计”对话框，如图 4－6 所示。

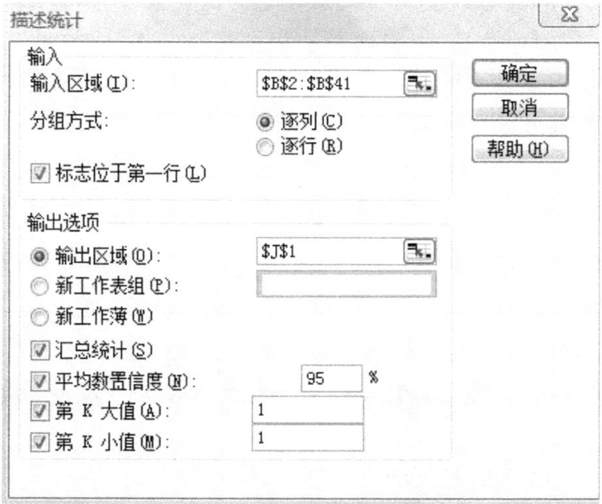

图 4－6 “描述统计”对话框

④ 在“输入区域”中输入 B2:B41。

⑤ 由于所选数据范围包括一个标志名称，单击“标志位于第一行”选项边上的复选框。

⑥ 单击“输出区域”项，旁边出现了一个输入框，单击此框出现插入符，单击 J1，在输出框中出现输出地址“J1”，这是输出结果的左上角起始位置。

⑦ 单击“汇总统计”，如不选此项，则 Excel 省略部分输出结果。

⑧ 单击“确定”按钮，将产生输出结果，如图 4－7 所示。

列1	
平均	65.325
标准误差	2.307009
中位数	63
众数	58
标准差	14.59081
方差	212.8917
峰度	-0.01302
偏度	0.005148
区域	65
最小值	29
最大值	94
求和	2613
观测数	40
最大(1)	94
最小(1)	29
置信度(95	4.666367

图 4 -7　汇总统计表

(2) 从“插入”菜单中选择“图表”选项，打开“图表向导”对话框，如图 4 - 8所示。在“图表类型”列表中选择 *XY* 散点图，单击“下一步”按钮。

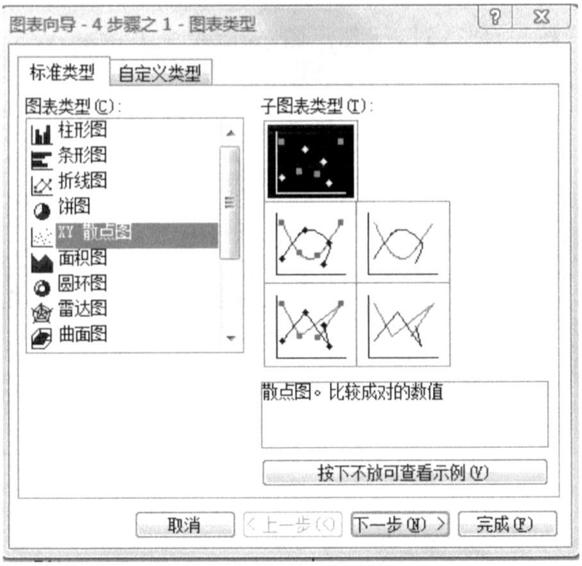

图 4 - 8　“图表向导”对话框

在数据区域中输入 B1:B41，选择“系列产生在列”，如图 4 - 9所示，单击“下一步”按钮。

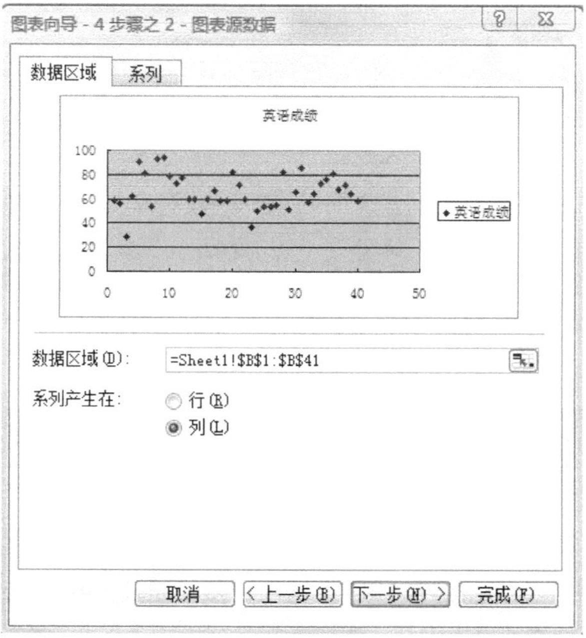

图 4 －9　数据区域输入

单击"完成"按钮,便得到 *XY* 散点图,如图 4 －10 所示。

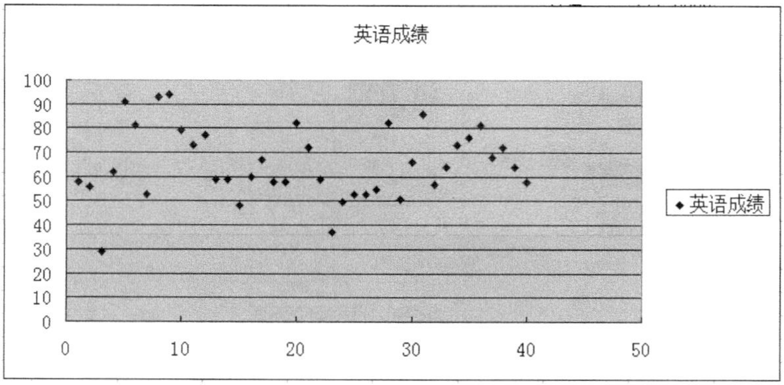

图 4 －10　"英语成绩"散点图

图中处在 60 分附近的同学多一些。

(3) 在菜单中选择"数据"的"排序"选项,则弹出"排序"对话框,如图 4 －11 所示。

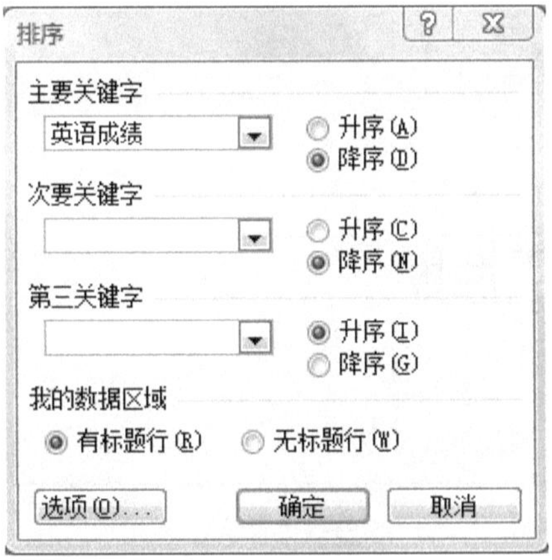

图 4 － 11 “排序”对话框

单击“确定”,即可得到前 5 名同学的英语成绩,如图 4 － 12 所示。

编号	英语成绩
8	94
9	93
5	91
31	86
20	82

图 4 － 12 英语成绩排序表

第五章　抽样推断

学习要点

通过对本章的学习，要求掌握以下内容：

1. 利用样本统计资料来推断总体数量特征的原理及方法；

2. 抽样推断的概念及特点；

3. 抽样误差产生的原因，并对抽样误差、抽样平均误差、抽样极限误差加以区别；

4. 抽样平均误差、抽样极限误差的计算及误差范围和置信区间的确定；

5. 点估计和区间估计的方法；

6. 假设检验的一般问题。

统计分析的目的是研究某一现象总体的数值特征。然而在现实生活中，由于现象总体的数量往往较大，或没必要获得总体的资料，在这种情况下，可以通过从总体中抽取样本，以样本信息推断总体特征，从而达到认识总体数量规律性的目的。

第一节　抽样推断的基本问题

一、抽样推断的概念和适用范围

（一）抽样推断的概念

抽样推断就是按照随机抽样的原则，从总体中抽出一部分单位作为样本，并利用样本的实际资料计算样本指标值，然后根据样本指标对总体的数量特征

（总体指标）做出具有一定可靠程度的估计和判断的一种统计分析方法。

在现实生活中，我们要认识总体的数量特征，经常会遇到无法（或没必要，或不可能）采用全面调查的方法来计算反映总体数量特征的指标，因而只能采用抽样调查（抽样推断）的方法。例如，对某厂生产的10 000只灯泡进行平均耐用时数的检验，不能采用全面调查方法，即对生产的全部灯泡进行破坏性实验，而只能采用抽样推断的方法，从全部灯泡中随机抽出一部分灯泡进行调查，然后根据这部分灯泡的平均耐用时数，对全部灯泡的平均耐用时数做出具有一定可靠程度的估计或推断。又如，我国2011年粮食总产量57 121万吨，城镇居民大约可支配收入19 118元/人等这些指标数值均属抽样推断的结果。

（二）抽样推断的适用范围

抽样推断的适用范围有以下几点：

（1）不能进行全面调查。

（2）理论上可以进行全面调查而实际上办不到。

（3）没有必要进行全面调查。

（4）可以验证和补充全面调查资料。

二、有关抽样推断的几个基本概念

（一）总体和样本

如图5-1所示为总体与样本示意图。

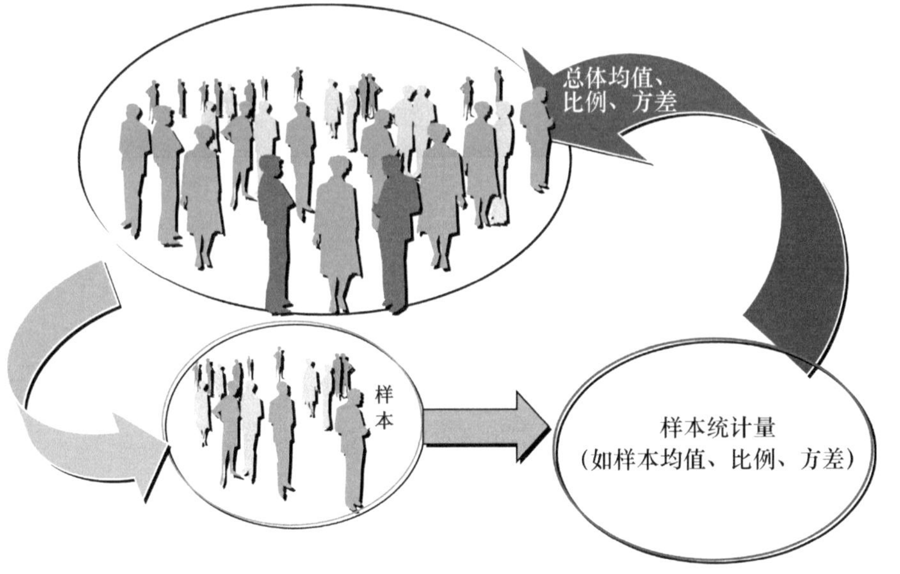

图5－1　总体与样本示意图

1. 总体（全及总体）

总体是指根据研究目的确定的所要研究事物的全体。总体单位的总数称为总体容量，一般用 N 表示。按照总体容量特征，总体可分为有限总体和无限总体。有限总体中包含着有限多个总体单位数。无限总体中所包含的总体单位个数为无限多个。

2. 样本

从总体中抽取的部分总体单位所构成的整体，称为该总体的一个样本。样本所包含的总体单位个数称为样本容量，一般用 n 表示。样本按照样本单位数的多少分为大样本和小样本。一般地说，$n \geqslant 30$ 为大样本，$n < 30$ 为小样本。从一个总体中可以抽取一个样本，也可以抽取多个样本。

（二）总体参数和统计量

1. 总体参数（总体指标）

它是反映总体数量特征的综合指标。

2. 统计量（样本指标）

抽样推断必须自总体中随机抽取一定数量的单位组成样本，以该样本为对象可计算很多特征值。这些特征值或指标从不同的角度反映样本的数量特征，并具有不同的名称，这里可以统称为样本指标，或称为统计量。样本统计量一方面表示样本自身的分布状况和特征；另一方面又是估计总体对应指标的依据，一定程度上反映了总体的分布状况和特征。

表 5－1　常用的总体参数和统计量

指标	总体参数（总体指标）	指标	统计量（样本指标）
变量总体	$X:X_1,X_2,X_3,\cdots,X_N$ $\bar{X}=\dfrac{\sum X}{N}=\dfrac{\sum XF}{\sum F}$ $\sigma=\sqrt{\dfrac{\sum(X-\bar{X})^2}{N}}$ $=\sqrt{\dfrac{\sum(X-\bar{X})^2F}{\sum F}}$	变量样本	$x:x_1,x_2,x_3,\cdots,x_n$ $\bar{x}=\dfrac{\sum x}{n}=\dfrac{\sum xf}{\sum f}$ $s=\sqrt{\dfrac{\sum(x-\bar{x})^2}{n}}$ $=\sqrt{\dfrac{\sum(x-\bar{x})^2f}{\sum f}}$
属性总体	$\bar{x}_P=P=\dfrac{N_1}{N}$ $\sigma_P=\sqrt{PQ}=\sqrt{P(1-P)}$	属性样本	$\bar{x}_p=p=\dfrac{n_1}{n}$ $s_p=\sqrt{pq}=\sqrt{P(1-P)}$
性质	是唯一确定的	性质	是随机变量，它会随着样本的不同而有不同的取值

（三）样本容量和样本个数

1. 样本容量

一个样本中所包含的单位数，一般用 n 表示，$n \geqslant 30$ 为大样本，$n < 30$ 为小样本。

2. 样本个数

在一个总体中所有可能被抽取或可能构成的样本数目。

注意：在实际统计中我们只是抽取一个样本，但是进行抽样推断时必须要考虑全部的可能样本。

三、抽样的方法

（一）重复抽样（重置抽样）

每次从具有 N 个单位的总体中随机抽取一个单位（登记其序号和相应的标志值）之后，又将它重新放回总体，参加下一次抽选。依次连续进行 n 次抽选，便构成一个容量为 n 的样本。

例 5－1 假设总体有 A、B、C、D、E 5 个单位，现随机重复抽取 2 个单位组成样本，求全部的可能样本个数。($N = 5, n = 2$)

解：第一次抽取 5^1（抽后放回），第二次抽取 5^1，则所有可能的样本个数为：

$k = 5^1 \times 5^1 = 25$ 个样本。即

AA	AB	AC	AD	AE
BA	BB	BC	BD	BE
CA	CB	CC	CD	CE
DA	DB	DC	DD	DE
EA	EB	EC	ED	EE

重复抽样的特点：

(1) 在 n 次抽样中，总体每个单位在各次抽样中被抽取的概率都相同。

(2) 共组成 $k = N^n$ 个样本，每个样本在各次抽样中被抽取的概率都相同。

例 5－2 假设总体有 A、B、C、D、E 5 个单位，现随机重复抽取 3 个单位组成样本，求全部的可能样本个数。($N = 5, n = 3$)

解：$k = 5^1 \times 5^1 \times 5^1 = 125$ 个样本。

（二）不重复抽样（不重置抽样）

每次从具有 N 个单位的总体中随机抽取一个单位，但在登记其序号和相应的标志值之后，就不再将它重新放回总体参加下一次的抽选。从抽样分布角度来看，这种抽样分布实际上等同于一次从总体中同时抽取 n 个单位组成一个样本。

例 5－3 假设总体有 A、B、C、D、E 5 个单位，现随机不重复抽取 2 个单位组成样本，求全部的可能样本个数。

解:第一次抽取 5^1(抽取后不放回),第二次抽取 $(5-1)^1$,则所有可能的样本个数为:

$k=5^1\times(5-1)^1=5^1\times4^1=20$ 个样本。即

—	AB	AC	AD	AE
BA	—	BC	BD	BE
CA	CB	—	CD	CE
DA	DB	DC	—	DE
EA	EB	EC	ED	—

不重复抽样的特点:

(1) 在 n 次抽样中,总体每个单位在各次抽样中被抽取的概率不相同。

(2) 共组成 $k=N(N-1)(N-2)\cdots(N-n+1)$ 个样本,每个样本在各次抽样中被抽取的概率都相同。

例 5-4 假设总体有 A、B、C、D、E 5 个单位,现随机不重复抽取 3 个单位组成样本,求全部的可能样本个数。$(N=5,n=3)$

解:$k=5^1\times(5-1)^1\times(5-2)^1=5^1\times4^1\times3^1=60$ 个样本。

四、抽样推断的主要内容

抽样推断(统计推断)所面临的问题是对总体的数量特征不了解或了解很少,而且需要利用有限的样本信息对它进行估计和推断,以达到对总体数量特征的认识。抽样推断在由样本资料推断总体资料时,包括以下内容。

(一) 总体参数的估计

当我们不知道总体的数量特征时,根据样本的资料对总体的数量特征进行估计的方法称为总体参数的估计。

具体地讲,总体参数的估计是根据随机抽取的部分单位的特性来对总体的分布函数、分布参数或数字特征等进行推测估算的过程。它是推断统计的中心内容,其基本思想是对不同的统计问题,构造不同的函数来反映部分单位与总体之间的主要关系信息,并舍弃无关的次要部分,利用其主要关系来对总体作出推算和分析。

(二) 总体参数的假设检验

当我们对总体的变化情况不了解时,可先对总体的状况做出某种假设,然后再根据抽样推断的原理,通过样本资料对所做出的假设进行检验来判断这种假设的真伪,以决定我们行动的取舍,这种推断方法称为总体参数的假设检验。

具体地讲,假设检验是指根据检验或不成熟的认识,在对总体的有关分布函数、分布参数或数字特征等信息做出某种假设的前提下,为了确定该假设的正确性,而自总体中随机抽取部分单位,利用部分与总体间的关系来对所提出的假设做出判断,以决定是否接受该假设的过程。

五、抽样推断的理论依据

抽样推断是通过样本对总体的推算,这样统计量与被估算的总体指标之间的关系,就是推算的关键;而两者的关系主要通过统计量的分布来反映,且因样本量的大小而有所差别。

(一) 大样本统计量的推断依据 —— 大数定律

在重复试验中事件频率的稳定性,是大量随机现象的统计规律性的典型表现。人们根据频率的稳定性预见到概率的存在和概率的性质。同样,在长期的统计实践中,人们也找到了大量随机现象的平均结果也具有稳定性的理论依据,即大数定律。大数定律在统计中是指一切关于大量随机现象的平均结果稳定性的定理,它包含了强大数定理和弱大数定理两类的很多条定理。例如,马尔可夫定理、辛钦定理、车贝雪夫定理、贝努里定理、普阿松定理等。它们为那些均值稳定性的存在及整个推断统计提供了最基本的理论依据。

大数定律的本质意义是尽管单个随机现象的具体表现不可避免地引起随机偏差,然而在大量随机现象共同作用时,由于这些随机偏差互相抵消、补偿和拉平,致使总的平均结果趋于稳定。

(二) 大样本统计量分布的依据 —— 中心极限定理

中心极限定理是指在一定的条件下,大量相互独立的随机现象的概率分布是以正态分布为极限的定理,因正态分布在概率论中占有中心地位,所以把以正态分布为极限的定理叫作中心极限定理。

大数定律只揭示了大量随机变量的平均结果,并没有涉及随机变量的分布规律;而中心极限定理则说明了许多随机变量的分布是正态或近似正态的,这就可以简化统计推断中许多统计量的分布问题,所以它是统计学中的重要工具之一。

1. 正态分布

正态分布是指变量在其平均值附近的概率分配较多,而远离平均值的概率分配较少的最常见的分布,由于客观现象绝大多数都是呈现这种分布,所以也叫作常态分布。

2. 中心极限定理

从直观上讲,如果一个随机变量决定于大量(乃至无穷)随机因素的总和,其中每个随机因素的单独作用微不足道,而且各个因素的作用相对均匀,那么它就服从(或近似地服从)正态分布,这就是中心极限定理的基本思想。

该定理和推断表明,在实际问题中,随机变量不论来自什么样分布的总体,都可用正态分布的理论来说明和推断平均数的问题。当然,原分布与正态分布的差异越大,抽样数目就要越多,这样才能保证平均数的分布接近正态分布。

（三）小样本统计量的分布律

1. t 分布

t 分布是研究小样本分布理论的常见内容，它是英国统计学家戈塞特（1876—1937 年）于 20 世纪初首先发现，并以笔名“学生”发表了该研究成果，故称之为学生氏分布。t 分布形态上与正态分布很类似，是关于 $t=0$ 的对称分布，其密度曲线与正态分布相比，一般中心部分比正态分布低，两边比正态分布高，且取值在 $-\infty$ 到 $+\infty$ 之间。对于不同的样本容量（确切说应是不同的自由度）都有相应的 t 分布，并且当样本容量逐渐增加到一定量时，t 分布就近似于标准分布 $N(0,1)$，故通常 t 分布表只列出自由度为 1 ~ 30 的概率，若自由度大于 30 则可应用正态分布。因此，在推断平均数时，大样本与小样本的界限多为 30。

这里所说的自由度，通俗地说是能够自由取值的变量的数目。例如，容量为 n 的样本，在任何统计量都没有确定时，其自由度也为 n，若在样本均值已定的前提下，该样本中将有 $n-1$ 个单位的该标志值是可以任意选定的，而由均值的限定第 n 个单位的标志值就不能任意选定了，所以在样本均值已定时容量为 n 的样本的自由度为 $n-1$。

在 $-\infty<t<+\infty$ 范围内，t 分布的概率及其临界值已编制成表，只要知道置信系数（累计概率）和自由度，便可查出相应的 t 分布临界值和累计概率。因为其与标准正态分布很类似，所以具体查表方法也与正态分布类似。

2. 小样本均值的分布律

如果从均值为 $\bar{x}$，方差未知的正态分布总体中随机抽取 n 个单位组成样本，且 $n\leqslant 30$，则样本统计 T 服从自由度为 $n-1$ 的 t 分布。记作 $T\sim t(n-1)$。

第二节　抽样误差

一、抽样误差的概念

抽样误差是指由于随机抽样的偶然因素使样本各单位的结构不足以代表总体各单位的结构，而引起样本指标与总体指标之间的绝对离差。如 $\bar{x}-\bar{x}=\Delta x$，$p-P=\Delta p$。

$$抽样误差分为\begin{cases}抽样实际误差（无法计算）\\抽样平均误差（可以计算）\end{cases}$$

（一）抽样实际误差

抽样实际误差是指每次抽样所得的样本指标与总体指标之间的离差，它随着样本的不同而不同，是一个随机变量。

有多少种可能的样本就有多少种可能的实际抽样误差。因此，在抽样推断中要结合所有可能的样本来研究所有可能的实际抽样误差。但是在现实的抽样推断中,抽样实际误差是不可能提到的,我们只能通过数理关系推算出可能的误差范围,而这一可能的误差范围是以抽样平均误差为基础获得的。

(二) 抽样平均误差

抽样平均误差是指所有可能出现的样本指标与总体指标之间的平均离差,即所有可能出现的样本指标与总体指标的标准差,对于一个特定的总体来说,它是固定的,而且是可以计算的。

二、抽样平均误差的计算

(一) 抽样平均误差的定义公式

如前所述,抽样平均误差是反映抽样误差一般水平的指标,即所有可能出现的样本指标与总体指标的标准差。

1. 样本平均数的抽样平均误差

$$\mu_x = \sqrt{\frac{\sum(\bar{x}-\bar{X})^2}{k}} = \sqrt{\frac{\sum(\bar{x}-\bar{X})^2 f}{\sum f}}$$

式中,$k = \sum f$ 为全部可能的样本个数。

2. 样本成数的抽样平均误差

$$\mu_P = \sqrt{\frac{\sum P(1-P)}{k}}$$

式中,$k = \sum f$ 为全部可能的样本个数。

上式只表明了抽样平均误差的含义,并不能作为其计算公式。因在现实的抽样中,我们只能取得一个样本,不可能也没必要获得全部所有的可能样本,所以抽样平均误差也不可能通过所有的样本来直接计算。但从统计量的分布律中我们已经知道,统计量是以总体相应指标为期望值,抽样平均误差实质上就是该统计量在其概率分布中的标准差。

(二) 抽样平均误差的计算方法

1. 样本平均数的抽样平均误差

(1) 重复抽样

$$\mu_x = \sqrt{\frac{\sigma^2}{n}} = \frac{\sigma}{\sqrt{n}}$$

式中,σ 为总体标准差,n 为样本容量。

(2) 不重复抽样

$$\mu_x = \sqrt{\frac{\sigma^2}{n}\left(\frac{N-n}{N-1}\right)} = \frac{\sigma}{\sqrt{n}}\sqrt{\left(1-\frac{n}{N}\right)}$$

式中,N 为总体单位数。

注意:在实际计算抽样平均误差时,当总体标准差 σ 未知时,可以用样本标准差 s 来代替。即

$$\mu_x = \frac{\sigma}{\sqrt{n}} = \frac{s}{\sqrt{n}}$$

$$s = \sqrt{\frac{\sum (x - \bar{x})^2}{n}} = \sqrt{\frac{\sum (x - \bar{x})^2 f}{\sum f}}$$

例 5 - 5 假设有5名工人,其每小时工资分别为:12元、14元、16元、18元、20元,若分别按重复和不重复抽样方法从工人总体中随机抽取2名工人组成一个样本,用其样本平均工资来估计总体平均工资。试计算样本平均工资的抽样平均误差。($N = 5, n = 2$)

解:这一总体的平均数和标准差分别为:

$$\bar{x} = \frac{\sum X}{N} = \frac{80}{5} = 16$$

$$\sigma = \sqrt{\frac{\sum (X - \bar{X})^2}{N}} = \sqrt{\frac{40}{5}} = \sqrt{8}$$

(1) 在重复抽样条件下($N = 5, n = 2$),所有可能的样本及样本平均工资见表 5 - 2。

表 5 - 2 从 5 名工人的小时工资中随机抽取 2 名所得到的全部样本配合数(重复取样)

样本	12	14	16	18	20
12	12	13	14	15	16
14	13	14	15	16	17
16	14	15	16	17	18
18	15	16	17	18	19
20	16	17	18	19	20

样本平均数分布,见表 5 - 3。

表 5 - 3 从 5 名工人的小时工资中随机抽取 2 名所得到的样本平均数

样本序号	样本平均数 $\bar{x}$	样本平均数 f	$\bar{x}f$	样本平均数离差 $\bar{x} - \bar{X}$	离差平方 $(\bar{x} - \bar{X})^2 f$
1	12	1	12	-4	16
2	13	2	26	-3	18
3	14	3	42	-2	12
4	15	4	60	-1	4
5	16	5	80	0	0
6	17	4	68	1	4
7	18	3	54	2	12
8	19	2	38	3	18
9	20	1	20	4	16
合计	—	25	400	—	100

样本平均数的抽样平均误差为：

$$\mu_x = \sqrt{\frac{\sum(\bar{x}-\bar{X})^2}{k}} = \sqrt{\frac{\sum(\bar{x}-\bar{X})^2 f}{\sum f}} = \sqrt{\frac{100}{25}} = 2（用定义公式计算）$$

$$\mu_x = \sqrt{\frac{\sigma^2}{n}} = \frac{\sigma}{\sqrt{n}} = \frac{\sqrt{8}}{\sqrt{2}} = 2（用计算公式计算）$$

结论：(1) 样本平均数的平均数等于总体平均数，即

$$E(\bar{x}) = \frac{\sum \bar{x}}{k} = \frac{\sum X}{N} = \bar{X}$$

$$\bar{X} = \frac{\sum X}{N} = 16$$

$$E(\bar{x}) = \frac{\sum \bar{x}}{k} = \frac{\sum \bar{x}f}{\sum f} = \frac{400}{25} = 16$$

(2) 样本平均数的标准差（抽样平均误差）为总体标准差 σ 的 $\frac{1}{\sqrt{n}}$，在不重复抽样条件下（$N=5, n=2$），所有可能的样本及样本平均工资见表 5－4。

表 5－4　从 5 名工人的小时工资中随机抽取 2 名所得到的全部样本配合数（不重置取样）

样本	12	14	16	18	20
12	—	13	14	15	16
14	13	—	15	16	17
16	14	15	—	17	18
18	15	16	17	—	19
20	16	17	18	19	—

样本平均数分布，见表5-5。

表 5－5　从 5 名工人的小时工资中随机抽取 2 名所得到的样本平均数

样本序号	样本平均数 $\bar{x}$	样本平均数 f	$\bar{x}f$	样本平均数离差 $\bar{x}-\bar{X}$	离差平方 $(\bar{x}-\bar{X})^2 f$
1	12	2	26	－3	18
2	14	2	28	－2	8
3	15	4	60	－1	4
4	16	4	64	0	0
5	17	4	68	1	4
6	18	2	36	2	8
7	16	2	38	3	18
合计	—	20	320	—	60

样本平均数的抽样平均误差为：

$$\mu_x = \sqrt{\frac{\sum(\bar{x}-\bar{X})^2}{k}} = \sqrt{\frac{\sum(\bar{x}-\bar{X})^2 f}{\sum f}} = \sqrt{\frac{60}{0}} = \sqrt{3}\text{（用定义公式计算）}$$

$$\mu_x = \sqrt{\frac{\sigma^2}{n}\left(\frac{N-n}{N-1}\right)} = \sqrt{\frac{8}{2}\left(\frac{5-2}{5-1}\right)} = \sqrt{\frac{8\times 3}{2\times 4}} = \sqrt{3}\text{（用计算公式计算）}$$

结论：(1) 样本平均数的平均数等于总体平均数，即

$$E(\bar{x}) = \frac{\sum \bar{x}}{k} = \frac{\sum X}{N} = \bar{X}$$

$$\bar{X} = \frac{\sum X}{N} = 16$$

$$E(\bar{x}) = \frac{\sum \bar{x}}{k} = \frac{\sum \bar{x}f}{\sum f} = \frac{320}{20} = 16$$

(2) 样本平均数的标准差（抽样平均误差）为总体标准差 σ 的 $\frac{1}{\sqrt{n}}\sqrt{1-\frac{n}{N}}$。

2. 样本成数的抽样平均误差

由于总体成数可以表现为是非标志(0,1)分布的平均数，而且它的标准差也可以从总体成数推算出来，$\bar{x}_p = P$，$\sigma_p = \sqrt{P(1-P)}$。因此，可以从样本平均数的抽样平均误差和总体标准差的关系推出样本成数的抽样平均误差的计算公式。

(1) 重复抽样

$$\mu_p = \frac{\sigma_p}{\sqrt{n}} = \sqrt{\frac{P(1-P)}{n}}$$

式中，σ 为总体标准差，n 为样本容量。

(2) 不重复抽样

$$\mu_p = \sqrt{\frac{P(1-P)}{n}}\sqrt{\left(1-\frac{n}{N}\right)}$$

式中，N 为总体单位数。

注意：在实际计算抽样平均误差时，当总体成数 P 未知时，可用样本成数 p 来代替，即

$$\mu_p = \frac{\sigma_p}{\sqrt{n}} = \sqrt{\frac{P(1-P)}{n}} = \sqrt{\frac{p(1-p)}{n}}$$

例 5－6　要估计某高校 10 000 名在校生的近视率，现随机从中抽取 400 名在校生，检查有近视眼的学生 320 名，试计算样本近视率的抽样平均误差。

解：根据已知条件得

$$p = \frac{n_1}{n} = \frac{320}{400} = 0.8 = 80\%$$

（1）在重复抽样条件下，样本近视率的抽样平均误差：

$$\mu_p = \sqrt{\frac{P(1-P)}{n}} = \sqrt{\frac{p(1-p)}{n}} = \sqrt{\frac{0.8 \times 0.2}{400}} = 0.02 = 2\%$$

（2）在不重复抽样条件下，样本近视率的抽样平均误差：

$$\mu_p = \sqrt{\frac{p(1-p)}{n}\left(1-\frac{n}{N}\right)} = \sqrt{\frac{0.8 \times 0.2}{400}\left(1-\frac{400}{10\,000}\right)} = 1.96\%$$

计算结果表明，用样本的近视率来估计总体的近视率，其抽样平均误差为2%左右（用样本的近视率来估计总体的近视率，其误差的绝对值平均在2%左右）。

（三）影响抽样（平均）误差的因素

1. 总体标志变异程度的大小（总体标准差 σ 的大小）

总体标志变异程度的大小与 μ 成正比例变化。

2. 样本容量的大小

样本容量的大小与 μ 成反比例变化。例如，要使抽样误差减少为原来的一半，则样本容量将为原来的4倍。

3. 抽样方法的不同

重复抽样的 μ 总是大于不重复抽样的 μ。

4. 抽样的组织形式

抽样的组织形式不同，抽样误差也不同。

三、抽样极限误差

抽样极限误差是从另外一个角度来考虑抽样误差的问题。

用样本指标估计总体指标（$\bar{x} \to \bar{X}$ 或 $p \to P$）的同时，必须要同时考虑抽样误差的大小。抽样极限误差是指抽样指标与总体指标之间抽样误差可允许的范围，又称为允许误差或抽样误差范围。它等于样本指标可允许变动的上下限与总体指标的绝对值。

样本平均数的抽样极限误差：

$$\Delta_x = |\bar{x} - \bar{X}|$$

样本成数的抽样极限误差：

$$\Delta_p = |p - P|$$

上面两式可改写成以下两个不等式，即

$$\bar{x} - \Delta_x \leqslant \bar{X} \leqslant \bar{x} + \Delta_x$$

（$\bar{x} - \Delta_x, \bar{x} + \Delta_x$）为总体平均数的估计区间（置信区间）。

$$p - \Delta_p \leqslant P \leqslant p + \Delta_p$$

$(p-\Delta_p, p+\Delta_p)$ 为总体成数的估计区间(置信区间)。

例 5-7 要估计某乡粮食亩产量和总产量,从该乡 20 000 亩粮食作物中抽取 40 亩,求得其平均亩产量为 500 千克。如果确定抽样极限误差为 5 千克,试估计该乡粮食亩产量和总产量所在的置信区间。

$$\bar{x}=500 \quad \Delta_{\bar{x}}=5$$

该乡粮食亩产量的区间落在 500 ± 5 千克的范围内,即在 495 ~ 505 千克。粮食总产量在 20 000 × (500 ± 5) 千克,即在 990 万 ~ 1 010 万千克。

例 5-8 要估计某高校 10 000 名在校生的近视率,现随机从中抽取 400 名,计算的近视率为 80%,如果确定允许误差范围为 4%,试估计该高校在校生近视率所在的置信区间。

$$\bar{x}=80\% \quad \Delta_{\bar{x}}=4\%$$

该校学生近视率的区间落在 80% ± 4% 的范围内,即在 76% ~ 84%。

四、抽样误差的概率度

基于概率估计要求,抽样极限误差 Δ_x 或 Δ_p,通常需要以抽样平均误差 μ_x 或 μ_p 为标准单位来衡量。

把抽样极限误差 Δ_x 或 Δ_p 分别除以 μ_x 或 μ_p,得到相对数 t,表示误差范围为抽样平均误差的 t 倍。t 是测量抽样估计可靠程度的一个参数,称为抽样误差的概率度。

$$t=\frac{\Delta_x}{\mu_x} \quad t=\frac{\Delta_p}{\mu_p} \quad \Delta_x=t\mu_x \quad \Delta_p=t\mu_p$$

如在例 5-7 中,已知某乡粮食亩产量的标准差为 $\sigma=80$ 千克,总体单位数 $N=20\,000$ 亩,样本单位数 $n=400$ 亩,求得其抽样平均误差为:$\mu_p=\frac{\sigma}{\sqrt{n}}=\frac{80}{\sqrt{400}}=4$ 千克,如果确定抽样极限误差为 5 千克,则可以用概率度 $t=\frac{\Delta_x}{\mu_x}=\frac{5}{4}=1.25$ 表示抽样极限的误差范围,即用 $1.25\mu_x$ 来规定误差范围的大小。

五、抽样估计的置信度

抽样估计的置信度,又称抽样估计的概率保证程度,就是表明样本指标与总体指标的误差不超过一定范围的概率保证程度,它一般用 $F(t)$ 表示。

1. 总体平均数抽样估计的置信度

$$P(|\bar{x}-\bar{X}| \leqslant \Delta_x=t\mu_x)=F(t)$$

$$P(\bar{x}-t\mu_x \leqslant \bar{X} \leqslant \bar{x}+t\mu_x)=F(t)$$

2. 总体成数抽样估计的置信度

$$P(|p-P| \leqslant \Delta_p=t\mu_p)=F(t)$$

$$P(p - t\mu_p \leqslant P \leqslant p + t\mu_p) = F(t)$$

如前所述：

$$\Delta_x = |\bar{x} - \bar{X}|, \bar{x} - \Delta_x \leqslant \bar{X} \leqslant \bar{x} + \Delta_x$$

$$\Delta_p = |p - P|, p - \Delta_p \leqslant P \leqslant p + \Delta_p$$

从主观上讲，我们当然希望样本指标（样本统计量）的估计值都能够落在允许的误差范围内，但由于样本指标值随着样本的变动而变动，它本身是个随机变量，因而样本指标与总体指标的误差仍然是个随机变量，并不能保证误差不超过一定范围这件事是必然的，而只能给以一定程度的概率保证。

3. 置信区间与置信度的关系

由于样本统计量都服从一定的概率分布，且分布曲线下的面积（概率）之和必定等于1，表明我们的抽样必然取得该统计量的所有观察值中的一个。如果在分布区域内确定某一区间，则其面积就表示为该统计量在这一区间内的概率。前述构成的置信区间就是这样的一个区间，且置信区间是随估计量的随机性表现为随机区间，它与分布曲线构成的面积就是该随机区间的概率，这样该统计量的概率分布也就成为置信区间的概率分布了。

置信度$(1-\alpha)$越大，则临界值的绝对值就越大，估计区间的精度就越低；反之，置信度越小，则区间精度就越高。同时，样本容量n越大，精度越高，容量提高到4倍，精度才提高1倍。其实在样本容量一定时，估计的精度和置信度是彼此矛盾的，提高精度（缩小区间）就降低了置信度；而提高置信度，往往需要扩大置信区间，从而又降低了估计的精度。统计学家尼曼（J. Neyman）提出的原则是：先保证可靠性，以接近1的概率来确定估计区间，然后再尽可能地提高精度。所以人们常给α以较小的概率值（如0.01或0.05），使置信度$1-\alpha$较高。置信区间与置信度的关系，如图5－2所示。

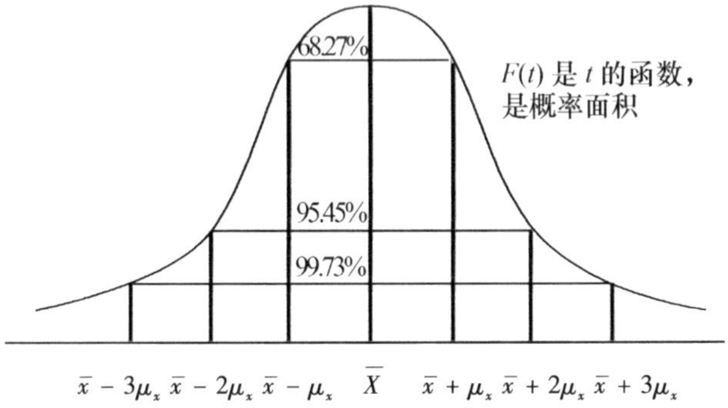

图5－2 置信区间与置信度的关系

$$P(\bar{x} - t\mu_x \leqslant \bar{X} \leqslant \bar{x} + t\mu_x) = F(t)$$

（置信区间） （置信度）

当$t=1, \Delta_x = \mu_x$时，$(\bar{x} - \mu_x \leqslant \bar{X} \leqslant \bar{x} + \mu_x) = 68.27\%$。

当 $t=2, \Delta_x=2\mu_x$ 时，$(\bar{x}-2\mu_x \leqslant X \leqslant \bar{x}+2\mu_x)=95.45\%$。

当 $t=3, \Delta_x=3\mu_x$ 时，$(\bar{x}-3\mu_x \leqslant \bar{X} \leqslant \bar{x}+3\mu_x)=99.73\%$。

可见 $F(t)$ 与 t 是正比关系，而与 Δ_x 也是正比关系。抽样极限误差越大（概率度越大），则抽样估计的置信度越大，抽样估计的准确性越小；反之亦然。

第三节　抽样估计的方法

抽样估计按其推断形式可分为总体参数（总体指标）的点估计和区间估计。

一、总体参数的点估计

（一）点估计的概念

点估计指用样本指标（样本统计量）直接代替总体指标（总体参数）的估计方法，也叫作定值估计。即

$$\bar{x}=\bar{x} \quad p=P$$

（二）抽样估计的优良标准

在对总体特征做出估计时，并非所有估计量都是优良的，从而产生了评价估计量是否优良的标准。衡量一个样本统计量是否是总体参数优良的估计量，一般有以下三条标准，即无偏性、一致性和有效性。

1. 无偏性

如果样本统计量的数学期望值等于被估计的总体参数本身，则该统计量是被估计参数的无偏估计量。例如，样本平均数的数学期望是总体平均数，所以平均数（样本均值）是总体平均数（总体均值）的无偏估计量。即

$$E(\bar{x})=\frac{\sum \bar{x}}{k}=\frac{\sum X}{N}=\bar{X}$$

这里无偏估计量是指没有系统偏差（非随机性偏差）的平均意义上的量，即如果说一个估计量是无偏的，并不是保证用于单独一次估计中没有随机性误差，只是没有系统性偏差而已，这是一个好的估计量的一个重要条件。

2. 一致性

当样本容量 n 充分大时，若样本统计量充分地靠近被估计的参数本身，则该统计量是被估计参数的一致估计量。即

$$\mu_x=\frac{\sigma}{\sqrt{n}}=\frac{s}{\sqrt{n}}$$

$n \to N$ 时，μ_x 越小。

估计量的一致性是从极限意义上讲的，它适用于大样本的情况。如果一个估计量是一致性的估计量，那么采用大样本就更加可靠；当然在样本容量 n 增大

时，估计量的一致性会增强，但调查所需的人力、财力、物力也相应增加。

3. 有效性

若一个估计量的方差样本比其他估计量的方差小，则该统计量是被估计参数的有效估计量。

有效性是指无偏估计量中方差最小的估计量。无偏估计量只考虑估计值的平均结果是否等于待估计参数的真值，而不考虑估计的每个可能值及其次数分布与待估计参数真值之间离差的大小和散布程度。我们在解决实际问题时，不仅希望估计值是无偏的，更希望这些估计值的离差尽可能小，即要求比较各无偏估计量中与被估计参数的离差较小的为有效估计量。例如，样本平均数与中位数或总体某一变量值都是总体均值的无偏估计量，但在同样的样本容量下，样本平均数是更为有效的估计量。即

$$X \to X \quad \sigma^2 = \frac{\sum (X - \overline{X})^2}{N}$$

$$\bar{x} \to \overline{X} \quad {\mu_x}^2 = \frac{\sum (\bar{x} - \overline{X})^2}{k} = \frac{\sigma^2}{n}$$

所以

$${\mu_x}^2 < \sigma^2$$

以上三个标准并不是孤立的，只要一个估计量能同时满足这三个标准，这个估计量就是一个好的估计量。

(三) 点估计量的确定

对总体特征值(如平均数、成数、方差等)的估计，主要是借助于样本优良的统计量进行的，现按上述优良标准分别介绍以下主要估计量。

1. 总体平均数的估计量

如果总体平均数是待估计的数量，根据样本数据可计算样本平均数、中位数、众数等，选择哪一个统计量为总体平均数的估计量，就应该按选择标准来确定。数理统计已经证明，当总体平均数未知时，随机地从该总体中抽取一个容量为 n 的样本，则样本平均数 $\bar{x}$ 是总体平均数 $\overline{X}$ 的一个无偏性、一致性和有效性的估计量。

2. 总体成数(比重)的估计量选择

选择样本成数(比重) p 为总体成数(比重) P 的估计量，是因为 p 也是 P 的有效性、一致性和无偏性的估计量，这里可以把成数作为平均数的特例来证明。

3. 总体方差的估计量选择

按衡量统计量的三个标准对样本方差进行检验，发现样本方差 $s^2 = \frac{\sum (x - \bar{x})^2}{n}$ 并不是总体方差 σ^2 的最优估计量；而样本修正方差 $s^2 =$

$\frac{\sum(x-\bar{x})^2}{n-1}$ 却较样本方差更为优良。

注意：虽然 $s^2=\frac{\sum(x-\bar{x})^2}{n-1}$ 是总体方差 σ^2 的无偏估计量，但样本修正标准差 $s=\sqrt{\frac{\sum(x-\bar{x})^2}{n-1}}$ 却不是总体标准差 σ 的无偏估计量，只是随着样本容量 n 的增大，$E(s=\sqrt{\frac{\sum(x-\bar{x})^2}{n-1}})$ 才趋于 σ，所以说 $s=\sqrt{\frac{\sum(x-\bar{x})^2}{n-1}}$ 是 σ 的渐近无偏估计量。

由于点估计量与总体的未知参数之间并不完全相等，必然存在着一定的误差，且不能确知误差的大小、估计的精度高低以及估计的可信程度等信息。所以，在对总体参数进行估计时，更多的是采用区间估计的方法。

二、总体参数的区间估计

（一）区间估计的概念

在统计分析中，我们常常用一个区间及其出现的概率来估计总体参数，这种估计总体参数的方法称为区间估计。

具体地说，区间估计是用估计量 $\bar{x}$ 或 p 所构成的区间来估计总体参数，并以一定的概率保证总体参数将落在所估计的区间内。

这一概率保证程度称为置信度，这种估计区间称为置信区间。例如，

$$P(|\bar{x}-\bar{X}|\leqslant\Delta_x=t\mu_x)=F(t)$$

即

$$P\underbrace{(\bar{x}-t\mu_x\leqslant\bar{X}\leqslant\bar{x}+t\mu_x)}_{\text{（置信区间）}}=\underbrace{F(t)}_{\text{（置信度）}}$$

（二）区间估计的方法及要素

1. 总体平均数的区间估计

$$P(|\bar{x}-\bar{X}|\leqslant\Delta_x=t\mu_x)=F(t)$$

即

$$P\underbrace{(\bar{x}-t\mu_x\leqslant\bar{X}\leqslant\bar{x}+t\mu_x)}_{\text{（置信区间）}}=\underbrace{F(t)}_{\text{（置信度）}}$$

2. 总体成数的区间估计

$$P(|p-P|\leqslant\Delta_p=t\mu_p)=F(t)$$

即

$$P\underbrace{(p-t\mu_p\leqslant P\leqslant p+t\mu_p)}_{\text{（置信区间）}}=\underbrace{F(t)}_{\text{（置信度）}}$$

由上述区间估计公式可概括出区间估计的基本要素，其主要包括以下几点：

（1）估计值（样本指标）$\bar{x}$ 或 p。

（2）抽样极限误差 $\Delta_x=t\mu_x$ 或 $\Delta_p=t\mu_p$。

（3）置信度（概率保证程度）$F(t)$。

（三）区间估计的步骤

1. 置信度约束下的区间估计步骤

根据抽样推断原理自总体中抽取容量为 n 的样本，在置信度一定的情况下，我们可以采取以下步骤进行区间估计：

（1）明确置信水平 $1-\alpha$ 即 $F(t)$。首先明确推断的可靠性或称作把握程度，该程度最常用的概率水平主要有 95%、95.45%、99.73% 等。

（2）确定概率度 t（临界值水平）。根据置信程度，查标准正态概率双侧临界值表确定概率度（临界值）$\pm t$。

（3）计算估计统计量的具体数值。

① 对总体平均数 $\bar{X}$ 进行估计时，要计算样本平均数 $\bar{x}$ 及抽样平均误差 μ_x 和允许误差 Δ_x。

② 对总体成数（比重）进行估计时，要计算样本成数 p 和抽样平均误差 μ_p 及允许误差 Δ_p。

③ 对总体方差进行估计时，要计算样本修正方差 $s^2=\dfrac{\sum(x-\bar{x})^2}{n-1}$ 及其抽样误差和允许误差。

④ 构造置信区间。置信区间是优良的统计量 ± 允许误差构成的，对于总体平均数在某置信度约束下的置信区间就是样本平均数 ± 允许误差。

例 5－9 某制造厂的产品重量服从正态分布，其总体标准差 $\sigma=15$ 千克，平均重量未知。现随机抽取一个 $n=250$ 的样本，计算结果是 $\bar{x}=65$ 千克，以 95% 的置信度估计总体平均重量的置信区间。

解：本题已知条件为样本容量 $n=250$，$X\sim N(65,15)$，置信水平为 95%，查正态概率双侧临界值表有 $t=1.96$。

$$\mu_x=\sqrt{\frac{\sigma^2}{n}}=\frac{15}{15.811\,4}=0.948\,7$$

$$\Delta_x=t\mu_x=1.96\times0.948\,7=1.86$$

则

$$65-1.86\leqslant\bar{X}\leqslant65+1.86$$

即 95% 的估计区间为 $63.14\leqslant\bar{X}\leqslant66.86$。

计算结果说明，我们有 95% 的把握认为总体平均数介于 63.14～66.86 千克。

例 5－10 从某厂生产的 5 000 只灯泡中，随机不重复抽取 100 只，对其使用寿命进行调查，该厂规定使用寿命在 3 000 小时以下为不合格品，调查结果见表 5－6。

表 5-6　随机抽取的 100 只灯泡的使用寿命数据

使用寿命（小时）	组中值 x	产品数量 f	xf	$(x-\bar{x})$	$(x-\bar{x})^2 f$
3 000 以下	2 500	2	5 000	-1 480	6 771 200
3 000 ~ 4 000	3 500	30	105 000	-840	21 168 000
4 000 ~ 5 000	4 500	50	225 000	160	1 280 000
5 000 以上	5 500	18	99 000	1 160	24 220 800
合　计	—	100	434 000	—	53 440 000

试计算：

(1) 按不重复抽样方法，以 95.45% 的概率保证程度估计该批灯泡的平均使用寿命；

(2) 按不重复抽样方法，以 68.27% 的置信度估计该批灯泡的合格率。

解：(1) 因为 $N=5\,000, n=100, F(t)=95.45\%, t=2$，所以

样本平均数：

$$\bar{x}=\frac{\sum xf}{\sum f}=\frac{434\,000}{100}=4\,340(\text{小时})$$

样本标准差：

$$s=\sqrt{\frac{\sum (x-\bar{X})^2 f}{\sum f}}=\sqrt{\frac{53\,440\,000}{100}}=731.026\,7$$

样本平均寿命的抽样平均误差：

$$\mu_x=\frac{\sigma}{\sqrt{n}}\sqrt{1-\frac{n}{N}}=\frac{s}{\sqrt{n}}\sqrt{1-\frac{n}{N}}=\frac{731.027\,6}{\sqrt{100}}\sqrt{1-\frac{100}{5\,000}}=72.37$$

$$\Delta_x=t\mu_x=2\times 72.37=144.74(\text{小时})$$

总体平均寿命所在的置信区间为：

下限　$4\,340-144.74=4\,195.26$(小时)

上限　$4\,340+144.74=4\,484.74$(小时)

以 95.45% 的概率保证程度估计该批灯泡的平均使用寿命在 4 484.74 ~ 4 195.26 小时。

(2) 因为 $n_1=98, n=100, F(t)=67.27\%, t=1$，所以，

样本合格率：

$$p=\frac{n_1}{n}=\frac{98}{100}=0.95$$

$$\Delta_p=t\mu_p=1\times 0.014=0.014$$

样本合格率的抽样平均误差为：

$$\mu_p = \sqrt{\frac{P(1-P)}{n}(1-\frac{n}{N})} = \sqrt{\frac{0.98 \times 0.02}{100}(1-\frac{100}{5\ 000})} = 0.014$$

总体合格率所在的置信区间为：

$$\text{下限} \quad p - t\mu_p = 0.98 - 0.014 = 0.966$$

$$\text{上限} \quad p + t\mu_p = 0.98 + 0.014 = 0.994$$

以 68.27% 的概率保证程度估计该批灯泡的合格率在 96.6% ~ 99.4%。

例 5 - 11 对某批成品按不重复抽样方法抽选200件检查，其中废品8件，又知样本容量为成品总量的1/20，以95%的把握程度估计该批成品的废品率范围。

解：因为 $N = 4\ 000, n = 200, n_1 = 8, F(t) = 95\%, t = 1.96$，所以

该批成品的废品率为：

$$p = \frac{n_1}{n} = \frac{8}{200} = 0.04$$

$$\mu_p = \sqrt{\frac{P(1-P)}{n}(1-\frac{n}{N})} = \sqrt{\frac{0.04 \times 0.96}{200}(1-\frac{1}{20})} = 0.013\ 5$$

$$\Delta_p = t\mu_p = 196 \times 0.013\ 5 = 0.026\ 56$$

总体成数所在区间的上下限为：

$$\text{下限} \quad p - t\mu_p = 4\% + 2.65\% = 6.65\%$$

$$\text{上限} \quad p + t\mu_p = 4\% - 2.65\% = 1.35\%$$

以95%的把握程度估计该批成品的废品率范围是1.35% ~ 6.65%。

2. 允许误差约束下的区间估计步骤

如果在区间估计中，先给定允许误差，我们也可以根据上述原理，推算出置信区间和置信度，具体步骤如下：

(1) 明确极限误差（允许误差）。

(2) 计算样本统计量。

根据样本统计量与允许误差构成估计（置信）区间，即区间为[统计量 ± 允许误差]。

(3) 计算抽样平均误差。

根据允许误差和抽样平均误差的关系求得临界值，例如，平均数的临界值为$t = \Delta_x / \mu_x$。

(4) 确定置信度（概率）。

查标准正态概率双侧临界值表，确定置信区间所对应的置信概率 $1-\alpha$ 水平。

例 5 - 12 从学校近万名学生中，随机抽取100名学生测得其平均身高160厘米。根据以往经验，学生身高的标准差为3厘米，现要求以最大不超过0.6厘米的允许误差来推断全体学生的平均身高。

解：因为 $\Delta_x = 0.6$ 厘米，$\bar{x} = 160$ 厘米，所以估计的区间为：[159.4，160.6]。又因为 $\sigma = 3, n = 100$，所以

$$\mu_x = \sqrt{\frac{\sigma^2}{n}} = 0.3$$

则

$$t = \frac{\Delta_x}{\mu_x} = \frac{0.6}{0.3} = 2$$

查正态概率双侧临界值表，有 $1 - \alpha = 0.9545$，可见该校学生平均身高在 159.4～160.6 厘米的可能性有 95.45%。

三、总量指标的抽样推断

抽样调查的如期完成，能使人们得到两个重要的抽样指标：一个是代表抽样总体（样本）一般特征的样本平均数，或称抽样平均数；一个是反映某一标志的单位数在样本中所占的比重，或称抽样成数。有了这两个表示抽象调查结果的综合指标，就可以对于某些未知的结果进行预测与预算。

抽样调查的功能和作用在于它能“以点推面”。所谓“以点推面”就是用样本所包括的点来推算总体所代表的面，即用样本平均数来代表总体平均指标或用样本成数来代表某一标志在总体中所占的比重。这里的样本平均数的求得并不是最终目的，而是通过它们来反映和代替统计总体的平均指标或相对数。如果结合总体中已知的有关总量指标（绝对数），还可以通过样本平均数和样本成数来推算总体中未知的其他总量指标。根据抽样结果，推算总体的总量指标可以有以下两种方法。

（一）直接换算法

对总体的未知总量进行推算时，因为样本规模与总体规模没有对应的相同特征，所以不能以样本的总量特征来推算总体的总量特征，只能用总体平均水平或成数（比重）的点估计或区间估计值来推算，即当抽样调查的任务是推断统计总体的总量指标时，可以用样本平均数直接乘以该事物的总体单位总量来获得。

总量指标的估计值 = 平均指标（或比重）的估计值 × 总体规模

例 5－13　某县玉米播种面积为 26 537 亩，实割实测的每亩产量为 506 千克，其平均误差为 8 千克，用 95.45% 的概率保证，求总产量及每亩产量的误差范围。

解：首先用播种面积与每亩产量的乘积来估计总产量为：

$$26\,537 \times 506 = 13\,427\,722（千克）$$

然后，求每亩产量的误差范围，即

$$\Delta = t\mu = 2 \times 8 = 16（千克）$$

这样，每亩产量可能在：

$$506 \pm 16 = 490 \sim 522(\text{千克})$$

则

$$\text{下限}\quad 26\,537 \times 490 = 13\,003\,180(\text{千克})$$

$$\text{上限}\quad 26\,537 \times 522 = 13\,852\,314(\text{千克})$$

该种作物的总产量可能在13 003 180 ~ 13 852 314千克。

(二) 修正系数法

当抽样调查的任务在于检查全面统计数字的质量时,可以用抽样复查所得到的结果修正全面调查的数字,例如,对人口普查和牲畜年报等统计数字进行复查,可从全面调查的总体中抽取一部分单位(抽样组织形式和抽样数目应事先做出规定,统一进行)。在这些被调查的单位中先抄录全面调查所报数字,然后实地抽样调查登记,用下列计算公式求得修正系统,并用全面调查的登记数乘修正系数求得修正的统计数值。

例5 - 14 某次全区人口普查得到人口总数为1 286 546 442人,其中文盲率为3%,随机抽取10个观察点组成一个样本,抽样结果如下:该样本的普查登记人口数为13 584人,文盲率为2.95%;而抽查人口数为13 720人,文盲率为3.1%。请对该区人口总量、文盲率及其误差范围进行推算和修正。

解:首先求得人口总量和文盲率的修正系数分别为101%和105%。

$$\text{修正人口总量} = 1\,286\,546\,442 \times 1.01 = 1\,299\,411\,906(\text{人})$$

$$\text{文盲率} = 0.03 \times 1.05 = 3.15\%$$

第四节　抽样的组织形式

一、抽样设计的有关问题

推断统计是建立在随机抽样的基础上的,而随机抽样的中心是抽样调查方案的设计,其主要包括抽样技术和试验设计两项主要内容。抽样技术是指为保证样本的随机性和代表性而选择抽样方法和制定抽样方案等应遵循的基本原则的研究。试验设计是指对试验方案的选择和对试验数据的统计分析等。试验设计主要是对自然现象进行观察的方法,在社会经济统计学中应用较少,为此我们不作详细介绍,本节主要就抽样技术的主要内容讲解如下。

(一) 抽样方案的主要内容

统计抽样方案是统计调查方案的重要形式,是抽样推断工作的实施计划。其内容包括:

(1) 确定调查的目的。要求集中、具体地明确所要研究和解决的问题。

(2) 确定调查对象、调查单位和报告单位。调查对象即所要研究的现象总体。调查单位是指进行登记的标志承担者。报告单位是指提供调查资料的主体部门。

(3) 拟定调查提纲、确定调查项目并设计调查表。调查提纲是调查过程中需要得到答案的所有问题的列举，要尽可能地以调查表的形式把少而精的项目列出。

(4) 确定调查的时间。

(5) 确定调查的组织实施计划,包括调查机构的建立、调查工作的组织、调查方式方法的选择、调查范围空间的确定、调查工作安排、调查人员培训和调查经费等问题。

(二) 随机抽样的方法

1. 重复抽样

重复抽样又叫重置抽样或放回抽样,是指统计抽样时对每次被抽到的单位登记后再放回总体,重新参与下一次抽选的抽样方法。重复抽样中每次抽选时总体待抽选的单位数是不变的。前面被抽到的单位在后面的抽选中还有可能被抽中,这样每次抽选的概率都是相等的,n 次抽取就相当于 n 次相互独立的试验。前述所有的估计问题都是在重复抽样的前提下进行的,所以它是最基础的抽样方法。

2. 不重复抽样

不重复抽样又叫不重置抽样或不放回抽样,是指统计抽样时每个单位只能被抽到一次,即每次被抽到的单位记录后不再放回总体,这样每次抽选都使下一次待抽选的总体减少一个单位。这实际上等于从总体中同时抽取 n 个单位组成一个样本,在不重复抽样中每一次抽选各样本单位的概率是不同的且重复抽样的分布也不同,即不属相互独立的试验,但可以验证两者有着相同的平均数。由于抽样方法的改变,使估计和检验平均误差的计算也发生了变化,例如,样本平均数的抽样平均误差,在不重复抽样下较重复抽样相差一项因子$(\frac{N-n}{N-1})$,当 N 很大时,这个因子接近于1,则两种分布的方差也趋于一致。

3. 概率调查问题

(1) 等概率抽样调查。随机抽样的基本原则是总体中每一个单位都有预定的被抽取的机会,使每一单位有同等机会被抽取的方法,称为等概率抽样。运用等概率原理,从总体中抽取一部分单位组成样本进行调查,并计算出样本指标用以推断总体特征的调查方法,称作等概率抽样调查。等概率抽样调查还可称为无限制抽样或称为简单随机抽样,是按照随机原则,在指定的单位中抽取部分样本单位,使每个单位都有同等被抽中的机会,无限制抽样的具体方法很多,主要有直接抽选法、抽签法、随机数字表法等三种方法。

(2) 不等概率抽样调查。以上介绍的抽样方法均为等概率抽样,这种抽样方法的特点是总体中每一单位被抽中的概率是相同的。在实际调查中，还有一种常用的方法，即不等概率抽样。不等概率抽样是指总体中各单位被抽中的概率与这些单位的某一辅助变量大小成正比例。换言之，如果某一单位的辅助变量越大，则该单位被抽中的概率就越大。例如，以全校学生名册为抽样框，进行学生家庭情况调查，每个学生为抽样单位，这种抽样方法是比较方便的，但是，在这所学校中，有的家庭只有一个孩子在该校就读，有的家庭有两个或两个以上的孩子在该校就读，这样，若以学生名单为抽样框，对每个学生被抽到的概率是相等的，但对每个家庭被抽到的概率则是不同的。有两个孩子在该校就读的家庭，被抽到的概率是只有一个孩子的两倍，因而为了保证每个学生被抽中的概率相等，就需要采用学生家庭的不等概率抽样。

等概率抽样和不等概率抽样的一个根本区别在于，在不等概率抽样中要用有关的辅助标志进行抽样，而运用等概率抽样时则不需要这类辅助资料。在许多问题中，不等概率抽样可能较等概率抽样更有效。例如，假设在抽样中某地区人口数以及出生人数和人口总数的密切联系等辅助资料是已知的，则在对新生人口的调查中，按人口数比重抽样，就使人口较多的地区的新生儿比人口较少地区的新生儿有较大的被抽中的概率。在这种情况下，不等概率抽样可能较等概率抽样更优越。

二、抽样组织方式

抽样组织方式是指在抽样时对总体的加工整理形式，根据对总体的加工整理形式不同，在随机抽样中抽样的组织形式很多，例如，简单随机抽样、分类抽样、等距抽样、整群抽样和多阶段抽样等。

（一）简单随机抽样

1. 简单随机抽样的概念

简单随机抽样又称纯随机抽样，它是不对总体作任何加工整理，直接从总体中随机抽取调查单位的抽样调查方法，所以也叫简单随机抽样。简单随机抽样是最常用的随机抽样，它必须满足下列两点：

(1) 代表性，即要求样本$(x_1,x_2,\cdots,x_n)$中的每个x都与总体X具有相同的概率分布，简称为同分布。

(2) 独立性，即要求样本$(x_1,x_2,\cdots,x_n)$中的各x都是相互独立的，在前面讲解中我们所使用的抽样概念都是简单随机抽样，在以后的学习中如果不说明抽样的形式，则都是指简单随机抽样。简单随机抽样是抽样中最基本的方式，它适用于均匀总体，却具有某种特征的单位均匀地分布于总体的各个部分。

2. 简单随机抽样的方法

从总体中按简单随机抽样方法组织样本有许多种方法，最基本的方法是抽签法和随机数字表法。

(1) 抽签法。它适用于总体单位数较少的总体。首先将总体单位编号,通常对总体中的每个单位按自然数的顺序编为1,2,3,…,N,另制N个与总体各单位对应的号签,然后将全部号签充分摇匀,根据需要按重复抽样方法或不重复抽样方法,从中随机抽取n个号签与之对应的总体单位,即为抽中的样本单位组成的样本。

(2) 随机数字表法。在大规模的社会经济调查中,总体单位数目很大,因此,使用抽签方法的工作量相当大。它通常是利用随机数字表来确定样本单位的方法。随机数字表是用计算机、随机数字机等方法编制的,根据不同的需要,我们可灵活确定随机数字的起始位置,按行、列或划某一随机线取得随机数字,利用取得的随机数字对应编号的单位组成样本。

3. 简单随机抽样的平均误差

由于抽取样本单位的方法分为重复抽样和不重复抽样,所以简单随机抽样的平均误差的计算也有区别,现分别介绍如下。

(1) 简单重复随机抽样是指保证总体中每个单位在抽选时,有同等中选机会的抽样方法。前述关于抽样的理论和方法,均是按简单随机重复抽样讨论的,即

$$\mu_x = \sqrt{\frac{\sigma^2}{n}} \quad \mu_p = \sqrt{\frac{p(1-p)}{n}}$$

(2) 简单不重复随机抽样是指从总体各单位中,按不重复抽样方法抽取样本单位,只要总体中未被抽取的各个单位都有同等中选机会的方法。简单随机不重复抽样推断中,除抽样平均误差外,其余内容与重复抽样完全相同。不重复抽样的平均误差与重复抽样的平均误差也只相差一个系数$\sqrt{\frac{N-n}{N-1}}$,且在总体很大或无限总体中,该系统可表示为$\sqrt{(1-\frac{n}{N})}$,即

$$\mu_x = \sqrt{\frac{\sigma^2}{n}(1-\frac{n}{N})} \quad \mu_p = \sqrt{\frac{p(1-p)}{n}(1-\frac{n}{N})}$$

(二) 类型抽样

1. 类型抽样的概念

类型抽样又称分层或分类抽样,它是先对总体各单位按主要标志加以分组,然后再从各组中按随机原则抽取一定单位构成样本的抽样组织方式。

类型抽样是应用于总体内各单位在被研究标志上有明显差别或差别悬殊的总体的抽样。例如,研究农作物产量时,耕地有平原、丘陵和山地等;研究职工的工资水平时,各行业之间有明显的差别;研究居民家庭收支情况时,家庭的收入水平差距很大。类型抽样实质上是把统计分组和抽样原理有机结合的抽样组织方式。通过分组使组中具有同质性,组间具有差异性,然后从各组中简单随机

抽样。这样可以保证样本对总体具有更高的代表性,所以计算出的抽样误差就比较小。类型抽样应掌握的主要原则是:分组时应使组内差异尽可能小,使组间差异尽可能大。

2. 类型抽样的方法

按样本单位在各组中的分配状况,类型抽样可分为等比例抽样和不等比例抽样。等比例抽样就是按同样的抽样比 n/N 确定各组中应抽的样本单位数。例如,各组单位数为 N,则从中抽取的样本单位数为 n。各组样本单位数确定后,按随机原则从各组中抽取各类单位组成样本,不等比例抽样多指某些单位在总体中占的比重过小时,按比例抽不到或只能抽到很少单位,为了保证样本中各类单位的代表性而采取不等比例抽样的方法。

3. 类型抽样的抽样平均数和抽样平均误差

抽样平均数:

$$\bar{x} = \frac{\sum n_i \bar{x}_i}{\sum n_i}$$

重复抽样的平均误差:

$$\mu = \sqrt{\frac{\overline{\sigma_i^{\,2}}}{n}}$$

不重复抽样的平均误差:

$$\mu = \sqrt{\frac{\overline{\sigma_i^{\,2}}}{n}\left(1 - \frac{n}{N}\right)}$$

式中,$\overline{\sigma_i^{\,2}}$ 为组内方差的平均数。

4. 类型抽样的优点

(1) 它提高了样本的代表性。

(2) 降低了影响抽样平均误差的总体方差。

例 5 - 15 某乡粮食播种面积20 000亩,按平原和山区面积等比例抽取400亩组成样本,各组平均亩产量和各组方差见表 5 - 7,求抽样平均亩产量和抽样平均误差,并以 95% 的概率估计该乡全部播种面积平均亩产量的置信区间。类型抽样平均误差的计算见表 5 - 7。

表 5 - 7 某乡粮食播种面积与抽样资料

类型	播种面积(亩)N_i	播种面积(亩)n_i	样本平均亩产量(千克)$\bar{x}_i$	亩产量方差(千克)$\sigma_i^{\,2}$
平原	14 000	280	560	6 400
山区	6 000	120	350	22 500
合计	20 000	400	497	11 230

解： $N = N_1 + N_2 \quad n = n_1 + n_2$

$$\bar{x} = \frac{\sum n_i \bar{x}_i}{\sum n_i} = 497 \quad \overline{\sigma_i^{\ 2}} = \frac{\sum n_i \sigma_i^{\ 2}}{n} = 11\ 230$$

$$\mu = \sqrt{\frac{\overline{\sigma_i^{\ 2}}}{n}\left(1 - \frac{n}{N}\right)} = 5.25 \quad \Delta_x = t\mu_x = 1.96 \times 5.25 = 10.29$$

$$\bar{x} \pm \Delta_x = 497 \pm 10.29$$

可能95% 的概率保证该乡农作物的平均亩产在486.71 ~ 507.29 千克。

（三）等距抽样

1. 等距抽样的概念

等距抽样又称机械抽样或系统抽样，它是先将总体单位按某一标志排序，然后按照固定的顺序和相同的间隔来抽选样本单位的抽样组织形式。

例如，$N = 20$，$n = 4$，则抽样间隔距离：

$$k = \frac{N}{n} = \frac{20}{4} = 5$$

样本抽取间隔图，如图 5 – 3 所示。

图 5 – 3　样本抽取间隔图

等距抽样可以分为无关标志排序抽样和有关标志排序抽样两类。

（1）无关标志抽样是指排序的标志与研究的标志无关。例如，观察学生考试成绩，按姓氏笔画排序；观察产品的质量，按生产的先后顺序等。无关标志排序可以保证抽样的随机性，它实质上相当于简单随机抽样。

（2）有关标志排序抽样是指排序的标志与被研究标志相关。例如，对农产品产量调查时，将地块按过去连续几年的亩产排序；对家庭消费水平调查时，按收入额排序等。按有关标志排序可以利用辅助的信息，使抽样估计的效率提高，但必须采用科学的方法，避免由于抽样间隔与排序标志的周期性变化的重合所产生的系统性误差。

2. 等距抽样的优点

按等距抽样组织形式抽取样本单位，能够使抽出的样本单位更均匀地分布在总体中，等距抽样的误差一般较简单随机抽样的误差小，特别是当研究的现象标志变异程度较大时，更能显示出等距抽样的优越性。

3. 等距抽样的抽样平均误差

等距抽样均为不重复抽样，其平均误差的计算可分为两类。

（1）按无关标志排序时，可用简单随机不重复抽样的平均误差公式计算。

（2）按有关标志排序时，可用类型抽样的平均误差公式计算。

例 5 – 16　年终在某储蓄所按定期储蓄存款进行每隔 5 户的等距抽样，得到如下资料见表 5 - 8。试以 95.45% 的概率平均定期存款的范围。

表 5 - 8　某储蓄所按固定户数间隔的抽样

定期存款(元)	1 ~ 100	100 ~ 300	300 ~ 500	500 ~ 800	800 以上	合计
户数(户)	58	150	200	62	14	484

解：
$$\bar{x} = \frac{\sum xf}{\sum f} = 344 \quad \sigma^2 = \frac{\sum (x - \bar{x})^2 f}{\sum f} = 40\,698$$

$$\mu_x = \sqrt{\frac{\sigma^2}{n}(1 - \frac{n}{N})} = \sqrt{\frac{40\,698}{484}(1 - \frac{484}{2\,420})} = 8.2$$

$$\Delta_x = t\mu_x = 2 \times 8.2 = 16.4$$

$$\bar{x} \pm \Delta_x = 344 \pm 16.4$$

所以平均定期存款在 327.6 ~ 360.4 元,可靠程度为 95.45%。

(四) 整群抽样

1. 整群抽样的概念

整群抽样又称分群抽样或集团抽样,是将总体划分为若干群,然后以群为单位从中随机抽取部分群,对中选群中的所有单位进行全面调查的抽样组织方式。

例如,$N = 1\,000$,$R = 10$(群),$r = 3$(群),如图 5 - 4 所示。

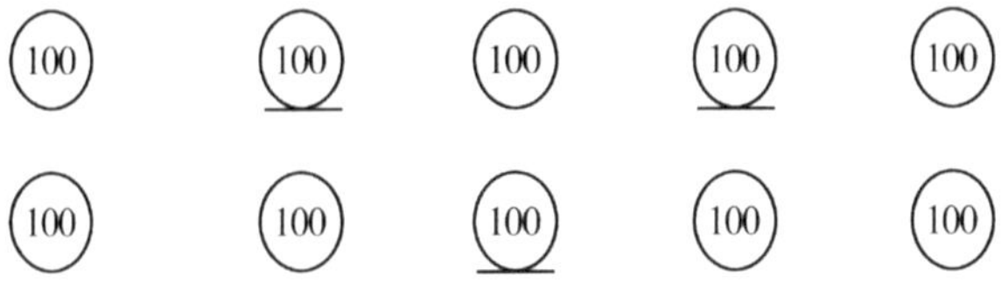

图 5 - 4　整群抽样

在大规模的抽样调查中,如果总体单位多且分布区域广,缺少进行抽样的抽样框,或按经济效益原则不宜编制这种抽样框的情况下,宜采用整群抽样。因为整群抽样将抽样单位由总体单位扩大到群,所以它的抽样框是很简单的。例如,对某市居民的家庭收入进行调查,采用整群抽样就可以按行政区域分为街道,然后随机抽取一些街道,进行全面调查,相对于以上的三种抽样更加适宜。

整群抽样中的群主要是自然形成的,例如,行政区域、地区区域等。由于整群抽样的样本单位的分布集中于群内,所以同样条件下,较简单随机抽样的样本代表性差,所以应适当增加样本单位,以提高估计的精确度。

2. 整群抽样的推断方法

设总体中的全部单位划为 R 群,每群中所包含单位数为 m,现从群中随机抽取 r 群组成样本,则各群的平均数为:

$$\bar{x}_i = \frac{\sum_{j=1}^{m} x_{ij}}{m} \quad (i = 1,2,3,\cdots,m)$$

全样本平均数：

$$\bar{x} = \frac{\sum_{i=1}^{r} \bar{x}_i}{r}$$

群间方差为：

$$\sigma^2 = \frac{\sum (\bar{x}_i - \bar{x})^2}{r}$$

整群抽样一般为不重复抽样，其抽样误差为：

$$\mu = \sqrt{\frac{\sigma^2}{r}(\frac{R - r}{R - 1})} = \sqrt{\frac{\sigma^2}{r}(1 - \frac{r}{R})}$$

（五）多阶段抽样

1. 多阶段抽样的含义

抽样调查中，如果抽出的样本单位直接就是总体单位，称作单阶段抽样，例如，简单随机抽样、等距抽样、类型比例抽样等。如果先将总体进行分组，从中随机抽出一些组，然后再从中选的组中随机抽取总体单位，称作二阶段抽样。例如，整群抽样就是第二阶段抽样比为100% 的一种特殊的两阶段抽样。如果将总体进行多层次分组，然后依次在各层中随机抽组，直到抽到总体单位，称作多阶段抽样。例如，我国农产量调查就是采用多阶段抽样调查，即先从中选的省中抽县，然后从中选的县中抽乡，乡中抽村，再由中选的村中抽地块，最后从中选的地块中抽取小面积的样本单位。

在实际中，当总体单位很多且分布广泛，几乎不可能从总体中直接抽取总体单位时，常采用多阶段抽样。其优点：首先，便于组织抽样，它可以按现有的行政区域或地理区域划分各阶段的抽样单元，从而简化抽样框的编制。其次，可以获得各阶段单元的调查资料，根据最初级资料可进行逐级抽样推断，得到各级的调查资料。例如，农产品量调查可根据样本推断地块资料，根据地块资料可推断村的资料，然后依次推断乡，乡再推县等。最后，多阶段抽样的方式比较灵活，各阶段抽样的组织方式以上述几种为依据，进行选择。一般在初级阶段抽样时多用分层抽样和等距抽样，在次级阶段抽样时多用等距抽样和简单随机抽样。同时，还可以根据各阶段的不同特点，采用不同的抽样比。例如，方差大的阶段，抽样比大一些，方差小的阶段，抽样比小一些。而且多阶段抽样在简化抽样工作的同时，抽样单位的分布较广，具有较强的代表性。

2. 多阶段抽样的平均误差

多阶段抽样的平均误差计算很复杂，就两阶段抽样而言，首先将总体划分

为 R 组，每组包含 M 个单位，第一阶段先从 R 组中抽出 r 组，第二阶段从中选 r 组中的 M 个单位中分别抽出 m 个单位，由 rm 个单位组成样本，这就称作两阶段抽样。

三、样本容量的确定

（一）确定抽样样本容量的必要性

样本容量就是抽样数目。根据大数定理，在抽样调查中样本容量越多，样本对总体的代表性越大，抽样误差越小；样本容量减少，抽样误差就要增大。同时，抽样数目越多，抽样调查的费用也越高，而且还会影响到抽样调查的时效性。因此，确定样本容量时，应在保证满足抽样调查对数据的估计精确度和概率把握程度下，尽量缩小抽样数目，即为必要抽样数目。

（二）影响样本容量的因素

1. 总体被研究标志的变异程度

如果总体被研究标志的变动程度大，则应抽取较多的样本单位；如果总体被研究标志的变动程度小，则可抽取较少的样本单位。

2. 允许的误差范围（要求的估计精度）

如果允许的误差范围小，即要求的精确度高，应抽取较多的样本单位；反之，应抽取较少的样本单位。

3. 抽样推断的可靠程度

要求的可靠程度越高，则应抽取的样本单位数越多；要求的可靠程度越低，则应抽取的样本单位数越少。

4. 抽样的方式和方法

（三）简单随机抽样的样本容量

计算样本容量的公式，可以根据抽样极限误差和抽样平均误差计算公式的关系推出。

1. 平均数估计的样本容量

（1）重复抽样时，

$$\Delta_x = t\mu_x = t\sqrt{\frac{\sigma^2}{n}}$$

则

$$n = \frac{t^2\sigma^2}{\Delta_x^{\ 2}}$$

（2）不重复抽样时，

$$\Delta_x = t\mu_x = t\sqrt{\frac{\sigma^2}{n}\left(1 - \frac{n}{N}\right)}$$

则

$$n = \frac{Nt^2\sigma^2}{N\Delta_x^{\ 2} + t^2\sigma^2}$$

2. 成数估计的样本容量

(1) 重复抽样时,

$$\Delta_p = t\mu_p = t\sqrt{\frac{P(1-P)}{n}}$$

则
$$n = \frac{t^2 P(1-P)}{\Delta_p{}^2}$$

(2) 不重复抽样时,

$$\Delta_p = t\mu_p = t\sqrt{\frac{P(1-P)}{n}\left(1-\frac{n}{N}\right)}$$

则
$$n = \frac{Nt^2 P(1-P)}{N\Delta_p{}^2 + t^2 P(1-P)}$$

例 5-17 某市开展职工家庭调查,根据历史资料,该市职工家庭平均每人年收入的标准差为 250 元,而家庭消费的恩格尔系数(家庭食品支出占消费总支出的比重)为 65%。现在用重复抽样的方法,要求在 95.45% 的概率保证下,平均收入的极限误差不超过 20 元,恩格尔系统的极限误差不超过 4%,求必要的样本单位数。

解:$F(t) = 95.45\%$ $t = 2$ $\Delta_x = 20$ $\sigma = 250$

$$n_{\bar{x}} = \frac{t^2\sigma^2}{\Delta_x{}^2} = \frac{2^2 \times 250^2}{20^2} \approx 625(\text{户})$$

$$n_p = \frac{t^2 p(1-p)}{\Delta_p{}^2} = \frac{2^2 \times 0.65 \times 0.35}{0.05^2} \approx 569(\text{户})$$

即应抽取 625 户家庭进行调查。

在同一总体中,如果同时需要进行平均数估计和成数估计,抽样数目按两个公式计算结果不同时,为满足两种估计的共同需要,应选择最大的抽样数目。

(四) 其他抽样组织方式的样本容量

简单随机抽样是最基本的抽样方法,其样本容量的确定方法说明了样本容量确定的一般原理,其他抽样组织形式样本容量的确定方式与之相同。

课堂练习

一、单项选择题

1. 对两个工厂工人的工资,采取随机不重复抽样调查,调查的工人数一样,两个工厂工资方差一样,但第二个工厂比第一个工厂的工人数多一倍,则抽样平均误差为 ( )

A. 第一个工厂大 B. 第二个工厂大

C. 两个工厂一样大　　　　　　　　D. 不能作结论

答案:B。

2. 在总体内部情况复杂,而且各单位之间差异程度大,单位数又多的情况下,宜采用 (　　)

A. 简单随机抽样　　　　　　　　B. 类型抽样

C. 等距抽样　　　　　　　　　　D. 整群抽样

答案:B。

二、多项选择题

1. 从一个全及总体中可以抽取一系列样本,所以 (　　)

A. 样本指标的数值不是唯一确定的

B. 样本指标是样本变量的函数

C. 总体指标是随机变量

D. 样本指标是随机变量

E. 样本指标的数值随样本不同而不同

答案:ABDE。

2. 在其他条件不变的情况下,抽取极限误差的大小和置信度的关系是 (　　)

A. 抽样极限误差的数值愈大,则置信度愈大

B. 抽样极限误差的数值愈小,则置信度愈小

C. 抽样极限误差的数值愈小,则置信度愈大

D. 成正比关系

E. 成反比关系

答案:ABD。

三、填空题

1. 根据样本各单位标志值或标志属性计算的综合指标称为__________。

答案:统计量(样本指标)。

2. 抽样误差受到__________、__________、__________和抽样方法等因素的共同影响。

答案:抽样单位数、总体方差、抽样组织方式。

四、简答题

什么是抽样误差?影响抽样误差的因素有哪些?

参考答案:抽样误差是抽样中由于随机的原因,使样本各单位的结构不足以代表总体各单位的结构,而引起抽样指标和全及指标之间的绝对离差。

影响抽样误差大小的因素有:总体各单位标志值的差异程度,样本单位数,抽样方法,抽样调查的组织形式。

五、计算题

1. 采用简单随机重复抽样方法,抽取一批产品中的200件作为样本,其中合格品为195件。要求:

(1) 计算样本的抽样平均误差。

(2) 以95.45%的概率保证程度对该批产品的合格品率进行区间估计($t=2$)。

参考答案:已知 $n=20$ 件,$p=\frac{195}{200}\times100\%=97.5\%$。

(1) 抽样成数的平均误差的计算公式在重复抽样条件下为:

$$\mu_p=\sqrt{\frac{p(1-p)}{n}}$$

因此,抽样平均误差为:

$$\mu_p=\sqrt{\frac{97.5\%\times(1-97.5\%)}{200}}=\sqrt{\frac{0.975\times0.025}{200}}=\sqrt{0.000\,122}=1.1\%$$

(2) 抽样极限误差:

$$\Delta_p=t\mu_p=2\times1.1\%=2.2\%$$

则合格品率的范围:

$$p\pm\Delta_p=97.5\%\pm2.2$$
$$95.3\%\leqslant p\leqslant99.7\%$$

样本的抽样平均误差为1.1%,在95.45%概率保证程度下,该批产品的合格率在95.3%~99.7%。

2. 某厂对新试制的一批产品的使用寿命进行测定,随机抽选100个零件,测得其平均寿命为2 000小时,标准差为10小时,试计算:

(1) 以68.27%的概率推断其平均寿命的范围。

(2) 如果抽样极限误差减少一半, 概率为95.45%,则应该抽查多少个零件?

参考答案:(1) 因为 $n=100$,$\bar{x}=10$,$s=0.15$,$F(t)=95.45\%$,$t=2$

所以

$$\mu_x=\frac{s}{\sqrt{n}}=\frac{0.15}{\sqrt{100}}=0.015$$

$$\Delta_x=t\mu_x=2\times0.015=0.03$$

该批零件平均寿命所在区间为:

下限 $\bar{x}-\Delta_x=10-0.03=9.97$(小时)

上限 $\bar{x}+\Delta_x=10+0.03=10.03$(小时)

以 68.27% 的概率推断新产品的使用寿命在 9.97 ~ 10.03 小时。

(2) 抽样极限误差减少一半,概率为 95.45%,应抽查的零件为:

$$n = \frac{t^2\sigma^2}{(\frac{\Delta_x}{2})^2} = \frac{2^2 \times 0.15^2}{(\frac{0.03}{2})^2} = 400(\text{件})$$

思考题

1. 什么是抽样推断?它有哪些特点和作用?

2. 重复抽样和不重复抽样有哪些不同点?为什么重复抽样的误差总是大于不重复抽样的抽样误差?

3. 什么是抽样平均误差?

4. 影响抽样误差的因素有哪些?

5. 什么是抽样极限误差?什么是抽样误差的概率度?

6. 什么是置信度?什么是抽样估计的准确性?它们之间有什么关系?

7. 抽样估计的三要素是什么?抽样估计的优良性标准是什么?

8. 影响样本容量的因素有哪些?

第六章　相关与回归分析

学习要点

通过对本章的学习，要求掌握以下内容：

1. 相关与回归分析的概念、特点，两者的区别和联系以及相关的判定方法；

2. 回归分析的估计和检验方法；

3. 相关分析的各类及三种相关系数的计算方法，在此基础上能够运用相关分析和回归分析的基本方法解释实际的社会经济问题。

社会现象和客观事物是在相互联系和相互制约关系中存在和发展的，对社会现象与客观事物之间的依存和制约关系的认识和研究，是人们认识和改造世界的重要前提。客观事物和现象之间的相互依存关系有两种：一是相关关系，这是一种不完全确定的关系；一种是函数关系，这是一种确定的关系，即当其他条件不变时，对于某一自变量或几个自变量的每一数值，都有一个确定的因变量值与之相对应，并且这种关系可以用一个确定的数学表达式反映出来。本章将对相关与回归分析作详细介绍。

第一节　相关分析

一、相关分析的概念

在自然界和社会现象中，任何现象都不是孤立的，而是普遍联系和相互制约的。现象间的普遍联系、相互制约往往表现为相互依存的关系，这种依存关系通常有两种类型,即函数关系和相关关系。

$$\text{现象之间的数量关系}\begin{cases}\text{函数关系} & s = \pi r^2 \\ \text{相关关系} & (\text{相关分析的对象})\end{cases}$$

（一）函数关系

函数关系是现象（变量）之间客观存在的确定性的数量对应关系。

在函数关系中,当一个或几个变量取一定值时,与其相对应的另一个变量的值也随之确定。这种关系可以用数学函数式反映出来。例如,圆面积与半径的关系。圆的面积随半径的变化而变化,每给定一个圆的半径就有唯一一个确定的圆面积和它对应,面积是半径的函数。在社会经济现象中,同样存在着这种关系。例如,商品销售额 = 销售量 × 销售价格,当销售价格不变时,销售量发生变化,就有一个确定的销售额与它对应,销售额是销售量的函数。

（二）相关关系

相关关系即现象（变量）之间客观存在的非确定性的数量对应关系。

在相关关系中,当一个或几个变量取一定值时,与其相对应的另一个变量的值不完全确定,而是有多个值与其对应。

例如,消费支出与消费收入的关系,学习成绩与学习时间的关系等。

消费支出（元）	消费收入（元）	学习成绩（分）	学习时间（分钟）
y	x	y	x
$y_1 = 1\,500$		$y_1 = 80$	
$y_2 = 2\,500$	$x_1 = 2\,000$	$y_2 = 59$	$x_1 = 15$
…		…	
$y_n = 3\,000$		$y_n = 75$	

再如,平均亩产量和施肥量之间存在着一定的依存关系,即随着施肥量的增加,平均亩产量一般也会相应增加,但平均亩产量随施肥量而变化的数值还受种子、土壤、气候、雨量、密植程度等因素的影响,不是唯一确定的,这种关系就是相关关系。在许多社会经济现象中都存在着相关关系。例如,提高劳动生产率会使成本降低,利润增加等。函数关系与相关关系虽然有明显的区别,但两者之间并不存在不可逾越的界限。由于存在测算误差等原因,函数关系在实际中往往通过相关关系表现出来;而在研究相关关系时,为了找到现象间数量关系的内在联系和表现形式,又常常需要借助于函数关系的形式加以描述。因此,相关关系是相关分析的研究对象,函数关系是相关分析的工具。

（三）相关分析的概念

相关分析是研究一个变量（y）与另一个变量（x）或另一组变量（$x_1, x_2, \cdots, x_k$）之间相关方向和相关密切程度的一种统计分析方法。

在相关分析中,若相关现象之间存在着一定的因果关系,通常把起决定作用的变量叫自变量,一般用x表示,把受自变量影响而相应变化的变量作为因变量,一般用y表示。例如,研究学习成绩与学习时间之间的关系时,学习时间为自变量(x),学习成绩为因变量(y);研究劳动生产率与利润之间的关系时,劳动生产率为自变量,利润为因变量。若现象间只存在相关关系,并不存在明显的因果关系,例如,人的身高与体重之间的关系时,在这种情况下,究竟哪个变量(现象)为自变量,哪个变量(现象)为因变量,则要根据研究目的来决定。

相关分析按变量是否是随机变量,可分为固定相关分析和随机相关分析。前者是研究一个随机变量与另一个或另一组非随机变量(可控变量)之间的相关关系;后者是研究一个随机变量与另一个或另一组随机变量之间的相关关系。

二、相关关系的种类

各种相关关系根据研究目的不同,可按不同标志进行分类。

相关关系的分类
- 按相关关系涉及变量的多少分为
  - 单相关
  - 复相关
- 按相关的形式分为
  - 线性相关
  - 非线性相关
- 按相关的方向分为
  - 正相关
  - 负相关
- 按相关的程度分为
  - 完全相关
  - 不完全相关
  - 不相关

(一)按相关的因素分类

按相关的因素多少可分为单相关和复相关。

(1)单相关又称一元相关,是指两个变量之间的相关关系,即一个自变量与一个因变量之间的相关关系。

(2)复相关又称多元相关,是指三个或三个以上变量之间的相关关系,即一个因变量与多个自变量之间的相关关系。

例如,只研究消费支出与消费收入的相关关系,就是单相关,而研究亩产量对施肥量、浇水量的相关关系就是复相关。

(二)按相关的表现形式分类

按相关的表现形式可分为线性相关和非线性相关。

(1)线性相关又称直线相关,如果自变量数值发生变动,因变量数值随之发生大致均等的变动,从图形上观察其各点的分布近似地表现为一直线,这种相关关系就为直线相关,也叫线性相关。

(2)非线性相关又称曲线相关,如果自变量数值发生变动,因变量数值也随之发生变动,但这种变动不是沿着一个方向发生均等变动,从图形上看,其分布表现为各种不同的曲线形式，这种相关关系称为曲线相关。如图 6 - 1 乙所示。

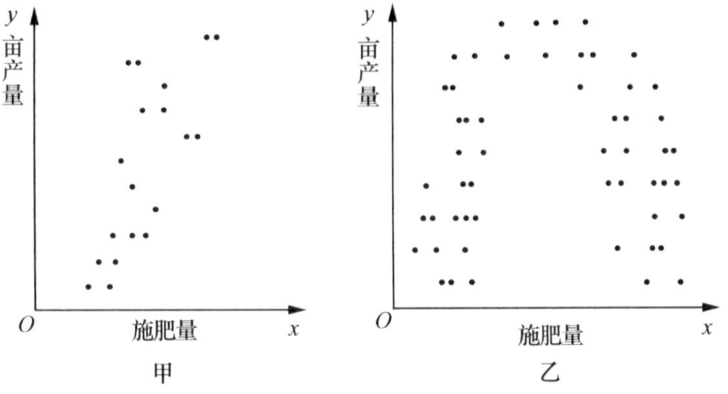

图 6 - 1　线性相关与非线性相关图

(三) 按相关的方向分类

按相关的方向可把直线相关分为正相关和负相关。

(1) 正相关：当自变量 x 数值增加（或减少）时，因变量 y 的数值也将随之相应的增加（或减少），即因变量和自变量的变动方向是一致的，这种相关关系称为正相关。例如，商品销售量增加，销售额也增加；单位产品原材料消耗降低，单位成本也随之降低。

(2) 负相关：当自变量 x 数值增加（或减少）时，因变量 y 的数值则随之减少（或增加），即自变量与因变量的变动方向是相反的，这种相关关系称为负相关。例如，劳动生产率提高，产品成本降低；商品价格降低，销售量增加等。

(四) 按相关的程度分类

按相关的程度可分为完全相关、不相关和不完全相关。

(1) 完全相关：两个变量之间，当自变量改变一定量时，因变量的改变量是一个确定的量，则这两个变量之间的关系称为完全相关，此种关系实际上就是函数关系。

(2) 不相关：当变量之间没有任何关系，而是各自独立，互不影响，则称为不相关（零相关）。

(3) 不完全相关：若变量之间的关系介于完全相关与不相关之间，则称为不完全相关。不完全相关是相关分析的主要对象。

三、相关分析的内容和方法

相关分析有广义和狭义之分，狭义的相关分析，简称为相关分析。它以现象之间是否相关、相关的方向和密切程度等为主要研究内容，它不区别自变量与因变量，对各变量的构成形式也不予以关注。

相关分析的方法有编制相关表、绘制相关图、计算相关系数。

广义的相关分析包括对现象间具体的相关形式的分析,即回归分析。在回归分析中根据研究的目的,应区分出自变量和因变量,并研究确定自变量和因变量之间的具体关系的方程形式。其主要方法有:建立回归模型、求解回归模型中的参数、对回归模型进行检验等。可见,广义的相关分析包括狭义的相关分析和回归分析两部分内容,这也是本章讲解的主要内容。

四、相关系数

(一)相关系数的概念和计算公式

相关系数是用于测定两个变量之间线性相关程度和相关方向的指标。

相关系数是相关分析的重要指标,它可以从数量上具体说明现象间线性相关关系的方向和密切程度。

相关系数有总体相关系数和样本相关系数两种。

1. 总体相关系数

其计算公式为:

$$R = \frac{\sigma_{XY}{}^2}{\sigma_X \sigma_Y}$$

式中,$\sigma_{XY}{}^2$ 为两个变量的协方差,σ_X 为变量(X)的标准差,σ_Y 为变量(Y)的标准差。

总体相关系数的简化式为:

$$R = \frac{N\sum XY - \sum X \sum Y}{\sqrt{N\sum X^2 - (\sum X)^2}\sqrt{N\sum Y^2 - (\sum Y)^2}}$$

注意:总体的相关系数一般不容易测定,通常只能计算样本的相关系数,并用以估计总体的相关系数。

总体相关系数的简化式推导如下:

$$R = \frac{\sigma_{XY}{}^2}{\sigma_X \sigma_Y} = \frac{\frac{1}{N}\sum (X - \bar{X})(Y - \bar{Y})}{\sqrt{\frac{1}{N}\sum (X - \bar{X})^2}\sqrt{\frac{1}{N}\sum (Y - \bar{Y})^2}}$$

$$= \frac{\sum (X - \bar{X})(Y - \bar{Y})}{\sqrt{\sum (X - \bar{X})^2}\sqrt{\sum (Y - \bar{Y})^2}}$$

$$= \frac{\sum XY - \frac{1}{N}\sum X \sum Y}{\sqrt{\sum X^2 - \frac{1}{N}(\sum X)^2}\sqrt{\sum Y^2 - \frac{1}{N}(\sum Y)^2}}$$

$$= \frac{N\sum XY - \sum X \sum Y}{\sqrt{N\sum X^2 - (\sum X)^2}\sqrt{N\sum Y^2 - (\sum Y)^2}}$$

2. 样本相关系数

其计算公式为：

$$r = \frac{s_{xy}^{\ 2}}{s_x s_y} = \frac{\sum xy - \frac{1}{n}\sum x \sum y}{\sqrt{\sum x^2 - \frac{1}{n}(\sum x)^2}\sqrt{\sum y^2 - \frac{1}{n}(\sum y)^2}}$$

$$= \frac{n\sum xy - \sum x \sum y}{\sqrt{n\sum x^2 - (\sum x)^2}\sqrt{n\sum y^2 - (\sum y)^2}}$$

式中，$s_{xy}^{\ 2}$ 为两个变量的协方差，s_x 为变量(x)的标准差，s_y 为变量(y)的标准差。

(二) 相关系数的取值范围及相关程度的判断标准

(1) 相关系数 r 的取值在 $-1\sim+1$。

(2) 当 $r>0$ 时为正相关，$r<0$ 时为负相关。

(3) 当 $|r|=1$ 时，表明变量 x 与变量 y 为完全线性相关，即为函数关系。

(4) $0<r<1$ 时表明变量 x 与变量 y 存在着一定程度的线性相关。$|r|$ 的值越大，越接近于1，表示变量 x 与变量 y 的线性相关程度越密切；$|r|$ 的值越小，越接近于0，表示变量 x 与变量 y 的线性相关程度越不密切；当 $r=0$ 时，表明变量 y 的变化与变量 x 无关，即变量 x 与变量 y 完全没有线性相关关系。

通常，$|r|<0.5$ 时，为微弱相关；$0.5\leq|r|<0.8$ 时，为显著相关；$0.8\leq|r|<1$ 时，为高度相关。

例 6－1 某企业某产品产量与单位成本资料见表 6－1。

表 6－1 某企业产品产量与单位成本数据

月份	产量(1 000 件)	单位成本(元)
1	2	73
2	3	72
3	4	71
4	3	73
5	4	69
6	5	68
合计	21	426

根据上表资料，要求计算相关系数，说明产量与单位成本相关关系的密切程度。

解：计算过程见表 6－2。

表 6-2　某企业产品产量与单位成本数据资料表

月份	产量(1 000 件) x	单位成本(元) y	x^2	y^2	xy
1	2	73	4	5 329	146
2	3	73	9	5 184	216
3	4	71	16	5 041	284
4	3	73	9	5 329	219
5	4	69	16	4 761	276
6	5	68	25	4 624	340
合计	21	426	79	30 268	1 481

$$r=\frac{n\sum xy-\sum x\sum y}{\sqrt{n\sum x^2-(\sum x)^2}\sqrt{n\sum y^2-(\sum y)^2}}$$

$$=\frac{6\times 1\,481-21\times 426}{\sqrt{6\times 79-21^2}\sqrt{6\times 30\,268-426^2}}$$

$$=-0.9091$$

即产量与单位成本之间存在着高度负相关。

五、相关分析的特点

相关分析具有以下特点：

(1) 用于相关分析的两个变量是对等的关系，它不分自变量和因变量。

(2) 用于相关分析的两个变量均为随机变量，因此相关系数只有一个。

(3) 相关系数大于0，表示两个变量为正相关，相关系数小于0，表示两个变量为负相关。

第二节　简单(一元)线性回归分析

一、回归分析的概念和种类

(一) 回归分析的概念

回归分析就是对具有相关关系的多个变量之间的数量变化进行数量测定，配合一定的数学方程(模型)，以便由自变量的数值对因变量的可能值进行估计或预测的一种统计方法。

相关分析(相关系数)能够确定变量之间相关方向和相关的密切程度，但它不能说明两个变量的相关形式和因果关系，不能指出两个变量之间相互关系的具体形式，也无法从一个变量的数量变化来推测另一个变量的变化情况。另外，在相关分析中，一般不必区分自变量和因变量，它不能说明两个变量是主从关系还是因果关系。

为解决这一问题，必须采取回归分析技术。回归分析是将相关的因素进行测定，确定其因果关系，并以数学模型来表现其具体关系式，从而进行的各类统计分析。

（二）回归分析的种类

回归分析的种类
- 按自变量的个数分为
  - 一元回归
  - 多元回归
- 按回归线的形状分为
  - 线性（直线）回归
  - 非线性（曲线）回归

根据回归分析的方法，得出的数学表达式称为回归方程（回归模型），它有多种形式，可以是直线方程，也可以是曲线方程。

用回归方程来表明两个变量之间线性相互关系的方程式，称为简单线性回归方程（模型）。这种分析方法称为简单线性回归分析。

注意：许多现象的非线性变化在较短时间内也近似于线性变化，所以简单线性回归分析是回归分析的基本方法。

二、一元线性回归模型的建立

在相关图中如果自变量和因变量对应的散点图大致呈直线型，或计算出的相关系数具有显著的直线相关关系，则可拟合一条直线方程。

直线方程的模型为：

$$\hat{y} = a + bx$$

式中，$\hat{y}$ 表示因变量 y 的估计理论值，x 为自变量的实际值，a，b 为待定参数，其几何意义是：a 是直线方程的截距，b 是斜率。其经济意义是：a 是当 x 为零时 y 的估计值，b 是当 x 每变动一个单位时，y 平均变动的数量，b 也叫回归系数。

$$Q = \sum (y - \hat{y})^2$$

配合回归直线的目的是要求找到一条理想的直线，用直线上的点来代表所有的相关点。数理证明，用最小平方法配合的直线最理想，最具有代表性。

最小平方法配合的直线，就是要求实际估计与趋势值的离差平方和最小。用公式表示为：

$$Q = \sum (y - a - bx)^2 = \text{最小值}$$

根据最小平方法的要求，对 Q 求关于 a 和 b 的偏导数，并令其等于零，可得出直线回归方程中的参数 a，b 的求解方程式。

$$\frac{\partial Q}{\partial a} = 2\sum (y - a - bx)(-1) = 0$$

$$\frac{\partial Q}{\partial b}=2\sum(y-a-bx)(-x)=0$$

整理上式可得如下方程组：

$$\begin{cases}\sum y=na+b\sum x\\ \sum xy=a\sum x+b\sum x^2\end{cases}$$

解得参数 a,b 为：

$$a=\bar{y}-b\bar{x}=\frac{\sum y}{n}-b\frac{\sum x}{n}$$

$$b=\frac{n\sum xy-\sum x\sum y}{n\sum x^2-(\sum x)^2}$$

例 6－2 由例 6－1 及表 6－2 资料，求：

(1) 配合单位成本依照产量的直线回归方程，解释参数 a、b 的经济含义。

(2) 当产量为 6 000 件时，试问单位成本为多少元？

解：(1)配合单位成本依照产量的简单直线回归方程为：

$$\hat{y}=a+bx$$

$$b=\frac{n\sum xy-\sum x\sum y}{n\sum x^2-(\sum x)^2}=\frac{6\times 1\,481-21\times 426}{6\times 79-21^2}=-1.82$$

$$a=\bar{y}-b\bar{x}=\frac{\sum y}{n}-b\frac{\sum x}{n}=\frac{426}{6}-(-1.82)\frac{21}{6}=77.37$$

配合单位成本依照产量的直线回归方程为：

$$\hat{y}=77.37-1.82x$$

a 为直线的起点值，b 为回归系数。它表示当产量每增加 1 000 件时，单位成本平均降低 1.82 元／件。

(2) 当产量为 6 000 件时，则单位成本为：

$$\hat{y}=77.37-1.82x=77.37-1.82\times 6=66.45(\text{元／件})$$

三、一元线性回归分析的特点

一元线性回归分析的特点有以下几点：

(1) 用于回归分析的两个变量不是对等的关系，必须依据研究目的确定哪个是自变量 x，哪个是因变量 y。

(2) 用于回归分析的两个变量中，自变量 x 是给定的数值（它是非随机变量），因变量 y 是随机变量。

(3) 回归分析的作用在于给出自变量 x 的数值来估计因变量 y 的可能值。

(4) 对于没有明显因果关系的两个变量 x 与 y，可求出两个回归方程，计算出两个回归系数。

(5) 直线回归方程的回归系数有正、负号,说明变量变动的方向。

四、线性回归模型的离差分析

回归方程只在一定程度上说明了相关变量间的变动关系,但它不能说明拟合程度的好坏。为提高拟合水平,我们需要对拟合优度进行检验,即误差分析。

(一) 离差总平方和的分解

从前面的介绍中我们认识到,因变量的变动主要受自变量变动的影响,除此之外还受其他许多因素影响;而各种影响可以从总离差的分解中得到测定。因变量变动的总离差分解如下:

$$SST = \sum (y - \bar{y})^2$$

其中, $y - \bar{y}$ 可分解为:

$$y - \bar{y} = (y - \hat{y}) + (\hat{y} - \bar{y})$$

上式是总离差平方和,指因变量的实际观察值与其一般水平的离差总和,说明了 y 的离散程度,通常用 SST 来表示。

对该式: $y - \bar{y} = (y - \hat{y}) + (\hat{y} - \bar{y})$ 两边平方并对所有的 n 个点求和, 则有:

$$\begin{aligned} SST = \sum (y - \bar{y})^2 &= \sum [(y - \hat{y}) + (\hat{y} - \bar{y})]^2 \\ &= \sum (y - \hat{y})^2 + (\hat{y} - \bar{y})^2 + 2\sum (y - \hat{y})(\hat{y} - \bar{y}) \\ &= \sum (y - \hat{y})^2 + (\hat{y} - \bar{y})^2 \end{aligned}$$

如图 6-2 所示。

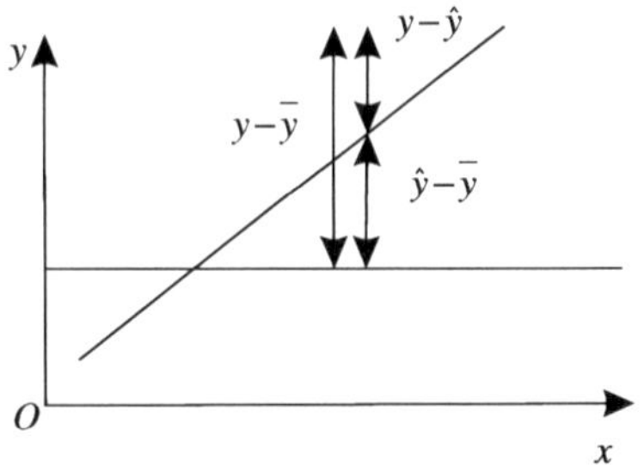

图 6-2 离差分解图

$\sum (\hat{y} - \bar{y})^2$ 是回归值与平均值的离差,它反映了自变量对因变量的影响,即线性相关关系引起的变化。它是回归直线所能解释的部分,所以叫解释变差,也称为回归平方和,通常用 SSR 来表示。

$\sum (y - \hat{y})^2$ 是观察值与回归值的离差,是自变量以外的随机因素及非线性因素作用的结果,它是回归直线所无法解释的离差,所以叫剩余变差,也称残差平方和,通常用 SSE 来表示。

所以 $$SST = SSR + SSE$$

即 总平方和=回归平方和+残差平方和

(二)估计标准误差

估计标准误差是用来说明回归方程代表性大小的统计分析指标,它是衡量因变量 y 的实际值和估计值 $\hat{y}$ 离差一般水平的分析指标,其计算原理与标准差基本相同,计算公式如下:

$$S_y = \sqrt{\frac{\sum (y - \hat{y})^2}{n - 2}} = \sqrt{\frac{\sum (y - a - bx)^2}{n - 2}}$$

式中,$n-2$ 为自由度,因为在一元线性回归方程中,计算了 a,b 两个参数,失去了两个自由变量,所以,自由度为 $n-2$。

可见,回归标准误差是根据剩余平方和计算的,即剩余平方和的平均数的平方根,它可以反映观察值 y 与估计值 $\hat{y}$ 的平均离散程度,从而也衡量了估计值的拟合优度。因为对给定的自变量 x,观察值 y 并非是在回归直线上,而是分布在它的周围,这必然要形成一定的离差,从直观上看,反映的是观察值 y 与估计值 $\hat{y}$ 的平均离差。但其背后却是用自变量 x 来估计因变量 y 时产生的误差。该指标类似于标准差,单独使用没有实际意义。

例 6-3 现仍以表 6-2 资料为例,计算估计标准误差。

解:$S_y = \sqrt{\frac{\sum (y - \hat{y})^2}{n - 2}} = \sqrt{\frac{\sum (y - a - bx)^2}{n - 2}} = \sqrt{\frac{3.8182}{6-2}} = 0.977$(元)

计算结果表明单位成本的估计值与实际值的平均误差为 0.977 元。

第三节 多元线性回归

一、多元线性相关与回归分析的意义

前面研究了一元线性回归的问题,它反映的是某一因变量与一个自变量之间的关系;但是客观现象之间的联系是复杂的,许多现象的变动涉及多个变量之间的数量关系。例如,居民的消费支出不仅与居民的收入有关,还与消费品的价格、消费家庭人口数等因素有关;企业的生产成本不仅与企业的产品产量有关,还与企业技术水平、管理水平以及原材料的价格等有关。由于客观现象具有多方面的相互联系,就需要进一步研究和掌握分析这类问题的方法。在统计中,研究一个因变量与多个自变量之间相关关系的理论和方法,称为多元相关分析或复相关分析;而研究一个因变量和多个自变量的回归分析就是多元回归分析或复回归分析。

二、多元回归模型

多元回归可分为多元线性回归与多元非线性回归。这里只讨论最一般的多

元线性回归。多元线性回归方程是用于表达一个因变量与多个自变量之间相互关系及其规律性的一种数学模型。当通过研究确定变量 y 值的变动受 $x_1, x_2, \cdots, x_m$ 等多个变量的影响时，若其关系为线性相关关系，则线性回归方程可表达为：

$$\hat{y} = a + bx = a + b_1x_1 + b_2x_2 + \cdots + b_mx_m$$

$a, b_1, b_2, \cdots, b_m$ 为回归方程待定参数，a 为常数项，$b_1, b_2, \cdots, b_m$ 分别为 y 对 $x_1, x_2, \cdots, x_m$ 的回归系数。

在多元回归中，y 对某一自变量的回归系数表示当其他自变量固定时，该自变量变化一个单位而使 y 平均改变的数值，也通称为偏回归系数。

与研究一元回归时的情形相似，求参数 $a, b_1, b_2, \cdots, b_m$ 的方法仍用最小平方法（多采用矩阵形式计算）。

现以二元回归为例加以说明。

二元线性回归方程为：

$$\hat{y} = a + bx = a + b_1x_1 + b_2x_2 + \cdots + b_mx_m$$

a, b_1, b_2 三个参数的求解方程为：

$$\sum y = na + b_1\sum x_1 + b_2\sum x_2$$

$$\sum x_1y = a\sum x_1 + b_1\sum {x_1}^2 + b_2\sum x_1x_2$$

$$\sum x_2y = a\sum x_2 + b_1\sum x_1x_2 + b_2\sum {x_2}^2$$

三、偏相关系数

在复相关关系中，要研究在其他自变量不变情况下某一自变量与因变量之间的依存关系。研究这种相关关系，叫偏相关分析或叫净相关分析。通过偏相关分析，可以比较各个自变量对因变量影响的主要因素和次要因素。在复相关中测定其中某一自变量对因变量影响大小的统计指标，叫偏相关系数或净相关系数。通常用 r 加上附标来表示。

偏相关系数与简单相关系数的主要区别在于：简单相关系数是在只掌握一个自变量和一个因变量的情况下，将其他影响因素忽略不计而求得的相关系数。偏相关系数是在拥有多个自变量的情况下，为了反映某一变量与另一变量的密切程度，而将其他变量控制起来计算的相关系数。偏相关系数的变动范围也在 $(-1) \sim (+1)$。

四、复相关系数

复相关系数是反映一个因变量与一组自变量（两个或两个以上）之间相关程度的指标。它是包含所有变量在内的相关系数。

课堂练习

一、单项选择题

1. 当所有的观察值 y 都落在直线 $y_c = a + bx$ 上时，则 x 与 y 之间的相关系数为 （　　）

A. $r = 0$　　B. $r = 1$　　C. $-1 < r < 1$　　D. $0 < r < 1$

答案：B。

2. 若已知 $\sum(x-\bar{x})^2$ 是 $\sum(y-\bar{y})^2$ 的两倍；$\sum(x-\bar{x})(y-\bar{y})$ 是 $\sum(y-\bar{y})^2$ 的 1.2 倍，则相关系数 $r =$ （　　）

A. $\sqrt{2}/1.2$　　B. $1.2/\sqrt{2}$　　C. 0.92　　D. 0.65

答案：B。

二、多项选择题

判定现象之间有无相关系数的方法是 （　　）

A. 对客观现象作定性分析　　B. 编制相关表

C. 绘制相关图　　D. 计算相关系数

E. 计算估计标准误差

答案：ABC。

三、填空题

1. 已知直线回归方程 $y_c = a + bx$ 中，$b = 17.5$；又知 $n = 30$，$\sum y = 13\,500$，$\bar{x} = 12$，则可知 $a =$ ________。

答案：240。

解：根据正规方程组中的一个方程：

$$\sum y = na + b\sum x$$

两边同除以 n 并移项后得：

$$a = \frac{\sum y}{n} - b\frac{\sum x}{n} = \frac{\sum y}{n} - b\bar{x}$$

将已知数据代入方程：

$$a = \frac{13\,500}{30} - 17.5 \times 12 = 240$$

2. 已知工资（元）依照劳动生产率（元）的回归方程为 $y_c = 10 + 80x$，因此，当劳动生产率每增长 1 000 元，工资就平均增加 ________ 元。

答案:80。

四、计算题

已知回归方程 $y_c = 10 + 0.5x$, $n = 40$, $\sum y = 460$, $\sum xy = 7\,800$, $\sum y^2 = 8\,652$,试计算估计标准误差。

参考答案:估计标准误差的计算公式为:

$$S_y = \sqrt{\frac{\sum y^2 - a\sum y - b\sum xy}{n-2}}$$

将已知数据代入公式有:

$$S_y = \sqrt{\frac{8\,652 - 10 \times 460 - 0.5 \times 7\,800}{40-2}} = 2$$

思考题

1. 什么叫相关关系?相关关系和函数关系有何区别?
2. 相关关系的种类有哪些?
3. 什么是正相关和负相关?举例说明。
4. 简述什么是相关系数,其作用如何?
5. 怎样根据相关系数判断现象间相关的方向和关系的密切程度?
6. 简单直线相关分析有什么特点?
7. 列出相关系数的计算公式,并简述其取值范围及其意义。
8. 与相关分析相比,回归分析有哪些特点?
9. 什么是回归标准差?它有哪些作用?
10. 回归系数和相关系数的关系如何?
11. 相关分析与回归分析有何区别和联系?
12. 回归直线有什么作用?直线回归方程中参数 a 和 b 的含义是什么?
13. 拟合回归方程有什么要求?
14. 简述回归分析应注意的问题。

相关分析与回归分析的计算机操作步骤

例 6－4 假设男、女两个消费群体对某 10 件商品的质量进行评价，其评分结果如图 6－2 所示，问男女评分是否一致？

具体的计算机操作步骤如下：

(1) 打开“8 相关分析.xls”工作簿，选择“商品评级”工作表，如图 6－2 所示。

	A	B	C
1	商品	男评分	女评分
2	2	68	74
3	8	70	70
4	6	71	77
5	5	73	88
6	1	77	79
7	10	79	85
8	4	85	90
9	3	89	83
10	7	92	80
11	9	95	93

图 6－2 “商品评级”工作表

(2) 从“插入”菜单中选择“图表”选项，打开“图表向导”对话框，如图 6－3 所示。在“图表类型”列表中选择 *XY* 散点图，单击“下一步”按钮。

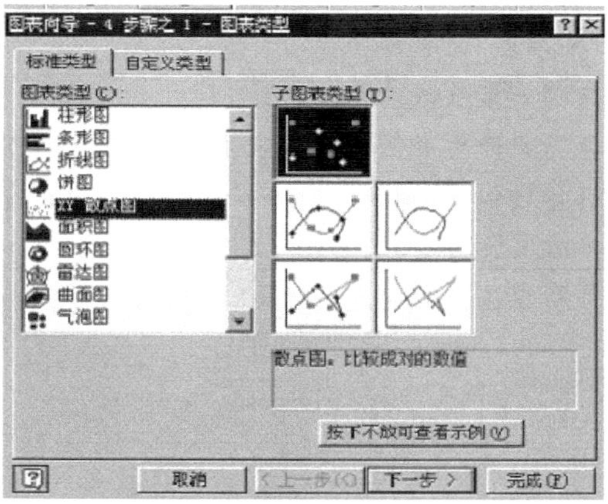

图 6－3 “图表向导”对话框

(3) 在数据区域中输入 B2:C11，选择“系列产生在列”，如图 6－4 所示，单击“下一步”按钮。

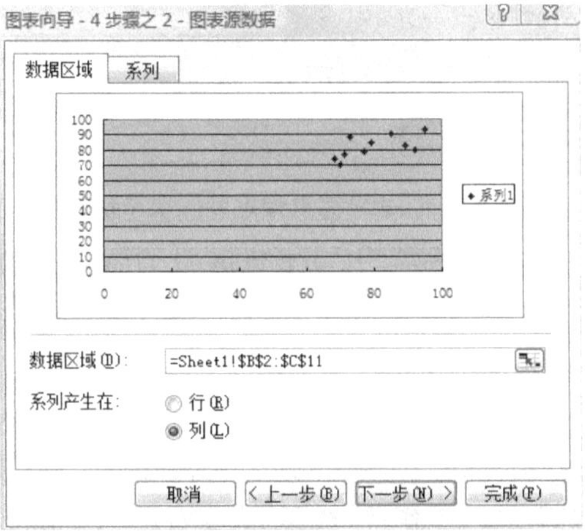

图 6 - 4　数据区域中输入数据

(4) 打开“图例” 页面,取消图例,省略标题,如图 6 - 5 所示。

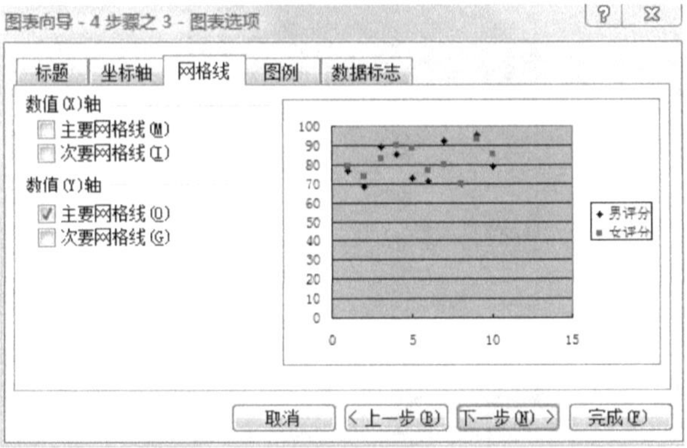

图 6 - 5　打开“图例” 页面

(5) 单击“完成” 按钮,便得到 *XY* 散点图,如图 6 - 6 所示。

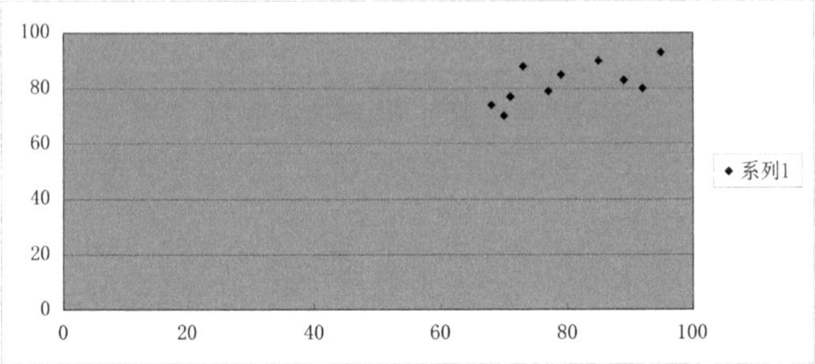

图 6 - 6　*XY* 散点图

计算男消费群体评分与女消费群体评分的相关系数:

①“工具”—“数据分析”;② 选“相关系数”;③ 选“确定”;④ 输入“输入区域”;⑤ 输入“输出区域”;⑥ 在“分组方式” 中选“逐列”;⑦ 选“标志位于第一

行”;⑧ 确定。结果如图 6 - 7 所示。

	男评分	女评分
男评分	1	
女评分	0.648274	1

图 6 - 7　男、女消费群体评分的相关系数结果

例 6 - 5　某厂生产某产品,其成本费用(Y,万元)与劳动量(X_1,1 000 小时)及原材料(X_2,万元/万吨)有密切关系,试建立回归模型。

具体计算机操作步骤如下:

第一次使用“数据分析”时,要在Excel工具菜单中选“加载宏”,然后选“分析工具库”。这样在“工具”菜单中就会出现“数据分析”。

(1) 打开“8 回归.xls”工作簿,选择“成本费用”工作表,如图 6 - 8 所示。

	A	B	C
1	Y	X1	X2
2	6.06	3.66	2.37
3	8.63	1.75	3.36
4	8.39	2.45	3.26
5	6.46	1.02	2.51
6	3.23	1.25	2.03
7	2.98	0.83	1.18
8	3.24	1.07	1.27
9	5.88	2.17	2.19
10	9.31	2.29	3.37
11	0.85	1.99	2.68
12	7.59	2.97	2.82
13	0.12	0.01	0.74
14	3.67	1.72	1.81
15	4.31	1.88	1.49
16	3.72	1.72	1.35
17	5.73	2.01	1.88
18	1.35	0.57	0.46
19	4.49	1.95	1.54

图 6 - 8　“成本费用”工作表

(2) 在“工具”菜单中选择“数据分析”选项,打开“数据分析”对话框,如图 6 - 9 所示。

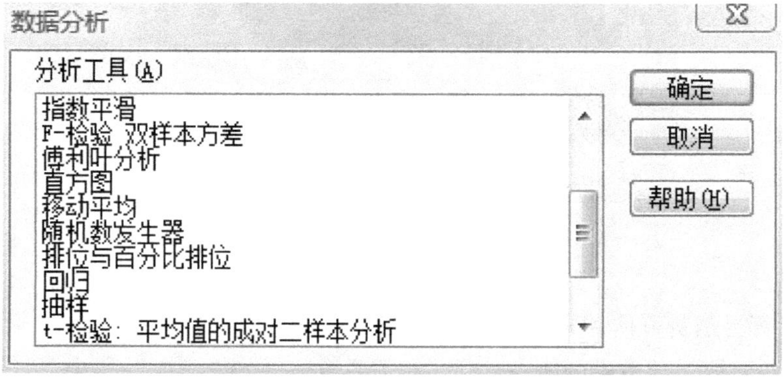

图 6 - 9　“数据分析”对话框

(3) 在“分析工具”列表中选择“回归”选项，单击“确定”按钮，打开“回归”对话框，如图 6 － 10 所示。

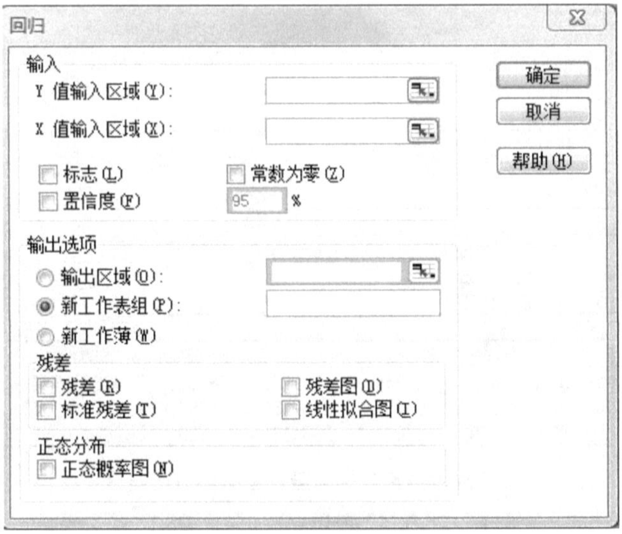

图 6 － 10 “回归”对话框

(4) 在 *Y* 值输入区域中输入 A2:A19，在 *X* 值输入区域中输入 B2:C19，选择“标志”，置信度选择 95%，如图 6 － 11 所示。

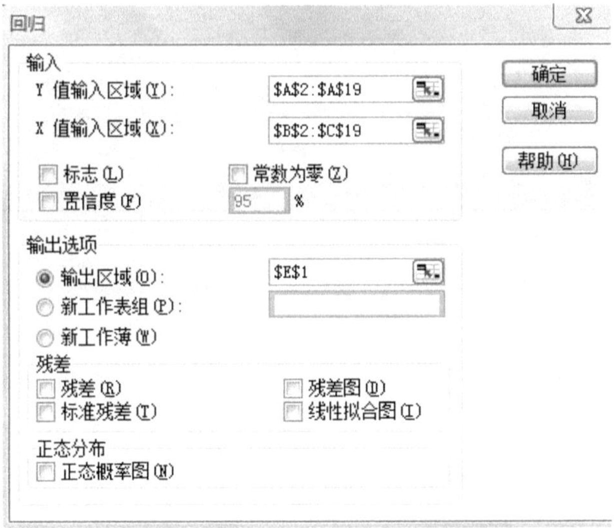

图 6 － 11 在输入区域中输入数据

(5) 在“输出选项”中选择“输出区域”，在其右边的位置输入 E1，单击“确定”按钮。输出结果如图 6 － 12 所示。

E	F	G	H	I	J	K	L	M
SUMMARY OUTPUT								
回归统计								
Multiple	0.817009							
R Square	0.667504							
Adjusted	0.623171							
标准误差	1.647474							
观测值	18							
方差分析								
	df	SS	MS	F	gnificance F			
回归分析	2	81.7325	40.86625	15.05663	0.000259			
残差	15	40.71255	2.71417					
总计	17	122.4451						
	Coefficien	标准误差	t Stat	P-value	Lower 95%	Upper 95%	下限 95.0%	上限 95.0%
Intercept	-0.47026	1.036993	-0.45349	0.656688	-2.68056	1.740033	-2.68056	1.740033
X Variabl	0.604315	0.601415	1.004822	0.330918	-0.67757	1.8862	-0.67757	1.8862
X Variabl	2.080795	0.596797	3.486605	0.003313	0.808753	3.352838	0.808753	3.352838

图 6－12　成本费用与劳动量及原材料的回归分析结果

$$Y = -0.47 + 0.60X_1 + 2.08X_2$$

第七章 统计指数

学习要点

通过对本章的学习.要求掌握以下内容:

1.在统计指数含义的基础上系统地把握统计指数及其主要种类;

2.综合指数、平均指数和平均指数的编制原因;

3.常见的经济指数形式,并能灵活运用指数体系对现象发展变化的情况进行因素分析。

指数的产生最初是为了反映物价的变动情况,后来,推广运用到社会生活的各个领域。实际生活中,指数的应用十分广泛,居民消费价格指数、货币购买力平价指数、股票价格指数等都是比较常见的指数。随着对社会生活各方面评价体系的日益完善,指数的应用得到进一步拓展,例如,空气污染指数、人文发展指数等。为了研究客观事物的变化情况,必须借助于指数理论。

第一节 统计指数的概念与分类

一、统计指数的概念

指数一般是在经济领域中用以反映所研究现象总体在时间上的发展变化程度的动态相对数,即

$$指数 = \frac{报告期水平}{基期水平}(动态相对指标)$$

统计指数的含义有广义和狭义之分。

$$\text{统计指数分为}\begin{cases}\text{广义指数分为}\left.\begin{cases}\text{个体指数} \rightarrow \text{简单现象总体}\\ \text{总指数} \rightarrow \text{复杂现象总体}\end{cases}\right\}\text{现象总体}\\ \text{狭义指数} \rightarrow \text{总指数}\end{cases}$$

个体指数，即反映单一项目(简单现象，总体发展变化程度的动态相对数)。

总指数，即反映多个项目，其数量上不能直接加总的(复杂现象)总体发展变化程度的动态相对数。

例如，某企业报告期与基期各种商品销售量和价格资料见表7－1。

表7－1　某企业报告期与基期三种商品销售量与价格资料

商品名称	计量单位	商品销售量		商品价格	
		基期	报告期	基期	报告期
甲	件	120	100	20.00	4.00
乙	支	800	1 000	4.00	6.00
丙	个	1 000	1 200	150.00	150.00
合计	—	—	—	—	—

根据上述资料要求：

(1) 计算各种商品销售量指数和各种商品价格指数。

(2) 计算全部商品销售量总指数和全部商品价格总指数。

由题意可知，对于问题(1)，要计算各种商品销售量指数和各种商品价格指数以及计算各种商品销售额指数时，就属于个体指数问题；对于问题(2)，要计算全部商品销售量指数和全部商品价格指数时，就属于总指数问题。因此，广义的指数是指一切说明现象数量差异(变动)程度的相对数都可称之为指数。例如，动态相对数、比较相对数、计划完成程度等。狭义的指数则是指用来反映由许多不能直接加总的要素所组成的复杂现象数量综合差异(变动)程度的特殊相对数。例如，零售物价指数，是说明全部零售商品价格(各商品价格不能直接相加)总变动的相对数，工业产品产量指数，是说明一定范围内全部工业产品产量(各商品的产量不能直接相加)总变动的相对数等。

二、指数的分类

(一) 按其反映对象的范围分类

指数按其反映对象的范围不同，分为个体指数和总指数。

(1) 个体指数是反映个别现象数量变动的相对数，例如，

数量指标指数个体：　$k_p = \dfrac{q_1}{q_0}$

质量指标个体指数：　$k_p = \dfrac{p_1}{p_0}$

上式中 q 代表产量或销售量，p 代表产品或商品价格，下标 1 代表报告期，下标 0 代表基期，k 代表个体指数。

（2）总指数是说明多种现象综合动态比较指标，总指数是本章统计指数的主要研究内容，即狭义的指数，例如，产量总指数、物价总指数等。

（二）按其所反映现象的数量特征分类

指数按其所反映现象的数量特征的不同，分为数量指标指数和质量指标指数。

（1）数量指标指数是反映数量指标变动（或差异）程度的相对数，例如，产品产量指数、职工人数指数等。

（2）质量指标指数是反映质量指标变动（或差异）程度的相对数，例如，价格指数、劳动生产率指数、单位成本指数等。

（三）总指数按其计算的方法分类

总指数按计算方法的不同，分为综合指数和平均指数。

（1）综合指数是指从数量上表明不能直接相加的社会经济现象的总指数。

（2）平均指数是指以个体指数为基础，采取平均形式编制的总指数。

（四）按其对比的内容分类

指数按其对比内容的不同，分为动态指数和静态指数。

（1）动态指数是指由两个不同时期的同类经济变量值对比形成的指数，说明现象在不同时间上发展变化的过程和程度。

（2）静态指数是指包括空间指数和计划完成情况指数两种。

空间指数（地域指数）是将不同空间（例如不同国家、地区、部门、企业等）的同类现象进行比较的结果，反映现象在不同空间的差异程度。计划完成程度指数是由同一地区、单位的实际指标值与计划指标值对比而形成的指数，反映计划的执行情况或完成与未完成的程度。

（五）在指数数列中按其采用的基数分类

在指数数列中，指数按其采用的基期不同，分为定基指数和环比指数。

指数通常是每间隔一段时间就编制一次，这样就形成了一个指数数列。在指数数列中，如果各期指数都以某一固定时期为基期，这种指数称为定基指数。如果各期指数都以其前一期为基期，则为环比指数。

三、统计指数的性质

正确应用指数的统计方法，必须要对指数性质有所了解，概括地讲，指数具有以下性质。

1. 综合性

指数是反映一组变量在不同场合下的综合变动水平，这是就狭义的指数而言的，它也是指数理论和方法的核心问题。实际中所计算的主要是这种指数。没有综合性，指数就不可能发展成为一种独立的理论和方法论体系。综合性说明指数是一种特殊的相对数，它是由一组变量或项目综合对比形成的。例如，由若干种商品和服务构成的一组消费项目，通过综合后计算价格指数，以反映消费价格的综合变动水平。

2. 相对性

指数是总体各变量在不同场合下对比形成的相对数，它可以度量一个变量在不同时间或不同空间的相对变化。例如，一种商品的价格指数或数量指数，这种指数称为个体指数；它也可用于反映一组变量的综合变动，例如，消费价格指数反映一组指定商品和服务的价格变动水平，这种指数称为综合指数。总体变量在不同时间上对比形成的指数称为时间性指数，在不同空间上对比形成的指数称为区域性指数。

3. 平均性

指数是总体水平的一个代表性数值。平均性的含义有两种：一是指数进行比较的综合数量是作为个别量的一个代表，这本身就具有平均的性质；二是两个综合量对比形成的指数反映了个别量的平均变动水平，例如，物价指数反映了多种商品和服务项目价格的平均变动水平。

四、统计指数的作用

（一）综合反映现象总体的变动方向和变动程度

这是总指数最基本的作用，统计研究社会经济现象的变动时，不仅要说明个别现象的变动情况，如说明某种产品产量的变动，某种商品价格的变动；还要说明由许多个别现象组成的总体的数量总变动情况，如说明全部产品产量的总变动，全部商品销售量的总变动，全部产品单位成本的总变动等。这些组成现象总体的个别事物不能直接相加或不能直接对比，通过编制统计指数可以使它们过渡到可以相加、可以对比，从而综合反映现象总体的变动方向和变动程度。

（二）分析现象总体变动中的各个因素的影响方向和影响程度

利用指数体系理论可以测定复杂社会经济现象总变动中，各构成因素的变动对现象总变动的影响情况，并对经济现象变化作综合评价。任何一个复杂现象都是由多个因子构成的，例如，销售额 = 价格 × 销售量；又如，影响利润总额变化的各种因素有产品产量、产品销售量、产品成本、产品销售价格等。运用指数法编制商品零售价格指数和零售量指数，可分析它们的变动对商品零售总额变动的影响。编制产品产量指数、产品销售量指数、产品成本指数和产品销售价格指数等，并分别对它们进行测定，根据各因素变动影响，可综合评价利润总额变动的情况。

（三）分析研究社会经济现象在长时间内的发展变化趋势

利用连续编制的动态指数数列，可以进行长时间的现象发展趋势分析。不仅如此,还可以把相互联系指标的指数数列加以比较分析,例如,工农业产品的综合比价指数数列,即是从农产品收购价格指数和工业品零售价格指数两个数列的联系中进行的分析。

(四)对社会经济现象进行综合评价和测定

随着指数法在实际应用中的发展,许多经济现象都可以运用统计指数进行综合评定,以便对某种经济现象的水平做出综合的数量判断。例如,用综合经济指数法评价一个地区或单位经济效益的高低;用平均数指数法评价和测定技术进步的程度,及其在经济增长中的作用等。

第二节　综合指数的编制

总指数的计算有综合指数(综合法指数)和平均指数(平均法指数)两种。

一、综合指数的概念和特点

(一)综合指数的概念

凡是一个总量指标(价值指标)可以分解为两个或两个以上的因素指标时,将其中的一个或一个以上的因素指标(同度量因素)固定下来,仅观察其中一个因素指标(指数化指标)的变动程度,这样所编制的总指数称为综合指数。编制综合指数的目的在于测定由不同度量单位的许多商品或产品所组成的复杂现象总体数量方面的总动态,或者是总变动。

(二)综合指数的特点

综合指数的特点是先综合,后对比。

二、编制综合指数的基本原理

(1)将不能相加的所研究对象(复杂现象总体),通过同度量因素的引入,使之过渡到可以加总的综合性指标(价值指标)。

反映商品销售量综合变动时,

$$\frac{\sum q_1}{\sum q_0} \neq \frac{100 + 1\,000 + 1\,200}{120 + 800 + 1\,000}\text{(各种商品销售量不能加总)}$$

同理反映商品销售量综合变动时,

$$\frac{\sum q_1}{\sum q_0} \neq \frac{100 + 1\,000 + 1\,200}{120 + 800 + 1\,000}\text{(各种商品价格不能加总)}$$

$$\text{商品销售量} \times \text{商品价格} = \text{商品销售额}$$

$$q \times p = qp$$

商品销售量价格指数：

$$\frac{\sum q_1p_0}{\sum q_0p_0}\text{或}\frac{\sum q_1p_1}{\sum q_0p_1}$$

其中，q 为指数化指标（数量指标），p 为同度量因素（质量指标）。

商品价格综合指数：

$$\frac{\sum p_1q_0}{\sum p_0q_0}\text{或}\frac{\sum p_1q_1}{\sum p_0q_1}$$

其中，p 为指数化指标（质量指标），q 为同度量因素（数量指标）。

式中分子与分母都是价值量综合指标，即数量因子与质量因子乘积的综合汇总数。在两个因子中一个叫指数化因素，另一个叫同度量因素。所谓同度量因素，是指该因素能把不同度量的指数化因素的数值，过渡到相同度量（价值量）的数值，即它是转化度量的中介因素（或所谓同度量因素是指对于不能相加的现象，通过引入某一因素，使之过渡到可以直接加总的现象，所引入的这一因素称为同度量因素）。

同度量因素的作用：一是同度量作用（统一计算尺度）；二是权数作用。例如，有一个4口人的家庭，假设一年中只消费大米和电视机两种商品，其中，大米的价格为4.4元／千克；电视机的价格为3 500元／台。那么，这两种消费品，哪一种消费品的价格对这个居民家庭生活的影响程度大呢？

商品销售量价格指数：

$$\frac{\sum q_1p_0}{\sum q_0p_0}\text{或}\frac{\sum q_1p_1}{\sum q_0p_1}$$

居民消费价格指数：

$$\frac{\sum p_1q_1}{\sum p_0q_1}$$

式中，p 为消费价格指数（指数化因素），q 为消费量（同度量因素）→ 权数作用。

显然，大米价格这种商品对这个居民家庭生活的影响程度大，因为大米的消费量要比电视机的消费量大得多。

因此选择同度量因素的时期就显得尤为重要。通常此类情况需要选择报告期的数量指标，即报告期的大米销售量作为计算指标使用。

（2）在用来对比的两个时期（报告期与基期）的价值指标中，将所加入的同度量因素必须固定在同一时期的水平上，这样对比结果得出的总指数就是所研究对象综合变动的程度。

三、综合指数编制的特点与方法

(一) 综合指数编制的特点

(1) 从经济现象的联系中,确定研究现象(因素)—— 指数化因素,并加入(用乘法) 与研究现象相联系的因素 —— 同度量因素,使不能相加的复杂现象变为能同度量,能相加。

所谓同度量因素是指可以把不能直接相加或对比的现象总体过渡转化为可以相加或对比的现象总体,是起媒介作用的那个因素。

(2) 对复杂现象总体包括的多个因素,要假定其中的几个因素(同度量因素) 不变,只测定研究现象因素(指数化因素) 的变动。

(二) 综合指数编制的一般方法

编制综合指数的一般方法,也就是同度量因素所属时期确定的一般方法,即在编制数量指标综合指数时,一般要以基期的质量指标作为同度量因素。这一原则的编制遵循以下原则:① 编制数量指标指数应以质量指标作为同度量因素。② 将同度量因素固定在基期。

在编制质量指标综合指数时,一般要以报告规定的数量指标作为同度量因素。在我国的统计实践中,一般遵循以下原则来编制综合指数:① 编制综合数量指数时,以基期的质量指标作为同度量因素。② 编制综合质量指数时,以报告期的数量指标作为同度量因素。③ 特殊的综合指数编制以不变价格或不变量作为同度量因素。

设 q 为数量指标,p 为质量指标,则

1. 数量指标综合指数

$$\frac{\sum q_1p_0}{\sum q_0p_0}$$

式中,q 为数量指标(指数化指标),p 为质量指标(同度量因素)。

数量指标综合指数有两层含义:

(1) 反映数量指标(q) 综合变动的程度。

(2) 由于数量指标(q) 的变动,而使价值量指标(pq) 变动的程度。

数量指标综合指数分子与分母差额 $\sum q_1p_0 - \sum q_0p_0$ 的含义:由于数量指标(q) 的综合变动,而引起价值量指标(pq) 的增减额。

2. 质量指标综合指数

$$\frac{\sum p_1q_1}{\sum p_0q_1}$$

式中,p 为质量指标(指数化指标),q 为数量指标(同度量因素)。

质量指标综合指数有两层含义:

(1) 反映质量指标(p) 综合变动的程度。

(2) 由于质量指标(p) 的变动,而使价值量指标(pq) 变动的程度。

质量指标综合指数分子与分母差额 $\sum p_1q_1 - \sum p_0q_1$ 的含义:由于质量指标(p) 的综合变动,而引起价值量指标(pq) 的增减额。

例 7 - 1 某企业报告期与基期各种商品销售量和价格资料如前表 7 - 1。根据资料要求:

(1) 计算商品销售量综合指数。

(2) 计算商品价格综合指数。

解:由表 7 - 1 资料,计算过程见表 7 - 2。

表 7 - 2 按表 7 - 1 资料的综合指数计算表

商品名称	计量单位	商品销售量		商品价格		商品销售额(万元)		
		基期 q_0	报告期 q_1	基期 p_0	报告期 p_1	基期 p_0q_0	报告期 p_1q_1	假定 p_0q_1
甲	件	120	100	20.00	4.00	2 400	400	2 000
乙	支	800	1 000	4.00	6.00	3 200	6 000	4 000
丙	个	1 000	1 200	150.00	150.00	150 000	180 000	180 000
合计		—	—	—	—	155 600	186 400	186 000

(1) 商品销售量综合指数:

$$\frac{\sum q_1p_0}{\sum q_0p_0} = \frac{186\ 000}{155\ 600} = 119.54\%$$

即三种商品销售量报告期比基期总的(平均) 增长了 19.54%。

$$\sum q_1p_0 - \sum q_0p_0 = 186\ 000 - 155\ 600 = 30\ 400(\text{元})$$

即由于商品销售量的变动而使商品销售额增加的绝对额为 30 400 元。

(2) 商品价格综合指数:

$$\frac{\sum p_1q_1}{\sum p_0q_1} = \frac{186\ 400}{186\ 000} = 102.15\%$$

即三种商品价格报告期比基期总的(平均) 增长了 2.15%。

$$\sum p_1q_1 - \sum p_0q_1 = 186\ 400 - 186\ 000 = 400(\text{元})$$

即由于商品价格的变动而使商品销售额增加的绝对额为 400 元。

(三) 拉氏指数和帕氏指数

1. 拉氏指数

拉氏指数(简记为 L),由德国统计学家拉斯贝尔(Etierre Laspeyres, 1834—1913 年) 于 1864 年提出。该指数的特点是将同度量因素固定在基数水平上来编制指数,因此也称基期综合指数。其计算公式如下:

$$L_q = \frac{\sum q_1 p_0}{\sum q_0 p_0} \quad (数量指数)$$

$$L_p = \frac{\sum p_1 q_0}{\sum p_0 q_0} \quad (质量指数)$$

从上两式中可见：L 式指数的同度量因素是固定在基期的，其目的是为了单纯反映物量（物价）等指数化因素的综合变动。

2. 帕氏指数

帕氏指数（简记为 P），它是由德国统计学家帕舍（Hermann Paasche，1851—1925 年）1874 年提出。该指数的特点是将同度量因素固定在报告期水平上来编制指数，因此也称报告期综合指数。其计算公式如下：

$$P_q = \frac{\sum q_1 p_1}{\sum q_0 p_1} \quad (数量指数)$$

$$P_p = \frac{\sum p_1 q_1}{\sum p_0 q_1} \quad (质量指数)$$

P 式指数把同度量因素固定在报告期，其目的是为了表明在报告期物量（物价）条件下，物价（物量）的综合变动。

3. 同度量因素的确定原则

同度量因素的选择归纳起来要解决以下两个问题：

（1）用什么因素为同度量因素是合理的？

由于不同商品的使用价值不同，计量单位不同，不能将单价直接相加，为了综合反映各种商品价格的总变动，就可以以销售量为同度量因素，编制价格综合指数。

例如经济关系式：商品销售额(pq) = 商品销售量(q) × 商品销售价格(p)。计算商品销售价格指数时，以商品销售量为同度量因素；计算商品销售量指数时，以商品销售价格为同度量因素。

（2）把同度量因素固定在哪个时期是恰当的？

对 L 式公式和 P 式的取舍，历史上学者们褒贬不一。相比之下，人们更多地以 L 式数量指数作为编制数量指数的基本公式；采用 P 式质量指数作为编制质量指数的基本公式。

综上所述，在不否定各类指数的合理性的前提下，为了统计标准和历史数据的一致性，也为了学习和考核的一致性，我们建议同度量因素选择的一般原则为：数量指标指数应以基期的质量指标作为同度量因素，而质量指标指数应以报告期的数量指标作为同度量因素。同时，平均指数的计算也要参照 L 式数量指数和 P 质量指数来进行。

（四）马埃公式和理想公式

1. 马埃公式

马埃公式（简记为 E）。它是由英国著名经济学家马歇尔（A. Marshall）和埃奇沃斯（F. Y. Edgeworth）提出。该指数的特点是将拉氏指数和帕氏指数的同度量因素进行简单平均，因此也称交叉加权综合指数。其计算公式如下：

$$E_q = \frac{\sum q_1(p_0 + p_1)/2}{\sum q_0(p_0 + p_1)/2} = \frac{\sum q_1 p_0 + \sum q_1 p_1}{\sum q_0 p_0 + \sum q_0 p_1} \quad （数量指数）$$

$$E_p = \frac{\sum p_1(q_0 + q_1)/2}{\sum p_0(q_0 + q_1)/2} = \frac{\sum p_1 q_0 + \sum p_1 q_1}{\sum p_0 q_0 + \sum p_0 q_1} \quad （质量指数）$$

对原公式整理后可发现，马埃公式的分子是 L 式指数的分子和 P 式指数的分子之和，其分母则是 L 式和 P 式两种指数分母之和。按马埃公式计算的指数在 L 式指数和 P 式指数的计算结果之间。它是对 L 式和 P 式指数折中的办法之一，但却失去了 L 式和 P 式指数的经济意义。

2. 理想公式

理想公式（简记为 F）是由美国经济学家沃尔什（G. M. Walsh）和庇古（P. C. Pigou）及费雪（L. Fisher）等提出，后又称费雪指数，该指数是对拉氏指数和帕氏指数的几何平均。其计算公式如下：

$$F_q = \sqrt{\frac{\sum q_0 p_1}{\sum q_0 p_0} \times \frac{\sum q_1 p_1}{\sum q_1 p_0}} \quad （数量指数）$$

$$F_p = \sqrt{\frac{\sum p_1 q_0}{\sum p_0 q_0} \times \frac{\sum p_1 q_1}{\sum p_0 q_1}} \quad （质量指数）$$

（五）杨格公式

杨格公式是由英国经济学家杨格（A. Young）提出，该指数的特点是将同度量因素固定在一个特定时期水平上，因此也称固定加权综合指数。其计算公式如下：

$$I_p = \frac{\sum p_1 q_n}{\sum p_0 q_n} \quad （数量指数）$$

$$I_q = \frac{\sum q_1 p_n}{\sum q_0 p_n} \quad （质量指数）$$

四、综合指数的主要应用

（一）生产指数

生产指数概括反映一国或地区各种产品产量的综合变动，它是衡量经济增长水平的指标。生产指数是以固定价格（不变价格）为同度量因素的固定加权综合指数。其计算公式如下：

$$I_p = \frac{\sum p_1 q_n}{\sum p_0 q_n} \quad \text{（定基指数）}$$

$$I_q = \frac{\sum q_1 p_n}{\sum q_{t-1} p_n} \quad \text{（环比指数）}$$

产量定基指数数列：

$$\frac{\sum q_1 p_n}{\sum q_0 p_n}, \frac{\sum q_2 p_n}{\sum q_0 p_n}, \frac{\sum q_3 p_n}{\sum q_0 p_n}, \cdots, \frac{\sum q_n p_n}{\sum q_0 p_n}$$

产量环比指数数列：

$$\frac{\sum q_1 p_n}{\sum q_0 p_n}, \frac{\sum q_2 p_n}{\sum q_1 p_n}, \frac{\sum q_3 p_n}{\sum q_2 p_n}, \cdots, \frac{\sum q_n p_n}{\sum q_{n-1} p_n}$$

定基指数数列与环比指数数列的关系：

（1）环比指数的连乘积等于定基指数。

（2）相邻两期定基指数之商等于相应时期的环比指数。

（二）产品成本指数

产品成本指数概括反映一个部门或企业各种产品成本的综合变动，它是衡量综合成本水平的指标。产品成本指数有以下几种形式：

（1）帕氏形式的以基期为比较标基准的成本综合指数。

$$P_p = \frac{\sum p_1 q_1}{\sum p_0 q_1}$$

（2）帕氏形式的以计划成本为比较标基准的成本综合指数。

$$P_p = \frac{\sum p_1 q_1}{\sum p_n q_1}$$

（3）拉氏形式的以计划成本为比较标基准的成本综合指数。

$$L_p = \frac{\sum p_1 q_0}{\sum p_n q_0}$$

（三）空间价格指数

空间价格指数概括反映同一时间、不同国家或不同地区各种商品价格水平的差异，也称域区价格指数或静态价格指数。根据不同要求，空间价格指数可以分别采用拉氏公式、马埃公式或理想公式等指数形式计算。

（四）股票价格指数

股票价格指数的编制方法有多种，综合指数公式是其中的一种重要方法。其计算公式如下：

$$L_p = \frac{\sum p_1 q_0}{\sum p_0 q_0}$$

式中，q_0 代表基期股票发行量。

第三节 平均指数（平均法指数）

一、平均指数的概念和特点

平均指数是根据个体指数加权平均计算的。按平均法编制的总指数称为平均法指数。

平均指数的编制特点是先对比，后平均（综合），即先求个体指数，后对个体指数平均得到总指数。人们常用这种方法根据抽样调查取得的代表商品的资料，计算物量或价格总指数。

在平均指数的编制中存在着如下值得研究的问题：

(1) 平均方法的选择。从理论上讲，应根据指数的特性来选择平均方法，现实中较普遍的方法有加权算术平均指数和加权调和平均指数。

(2) 指数计算中如果很难取得总体全面资料，就存在代表单位的空间选择问题。例如，物量或物价指数中具有代表性产品的选择、股市价格指数中的代表公司的选择等，都需要根据事物的具体情况来定。

(3) 权数标志的确定。为选择能代表被研究事物重要程度的标志为权数。在物量指数和物价指数编制中，都以商品的价值量为权数，例如，商品销售额、产品产值、生产成本等。这些价值量标志都是两个构成因子的乘积，即质量因子 p 和数量因子 q 的乘积 pq。在指数的编制中，我们把数量指标指数中的数量因子和质量指标指数中的质量因子叫作指数化因素。例如，价格指数中的价格因素，成本指数中的单位成本，物量指数中的销售量和生产指数中的产量等都是指数化因素。而权数都是两因子的乘积 pq，它是包括指数化因子在内的价值量指标，是可以相加汇总的标志值。

(4) 权数的时间选择。不论是数量因子、质量因子还是两者乘积构成的价值量标志值，都存在基期和报告期的数值，不同时期的两因子组合所构成的价值量数值都可以作为权数使用。例如，以销售额为权数，就有基期实际总值 p_0q_0、

报告期实际总值 p_1q_1、不同时期交叉相乘得到的虚拟数 p_0q_1 和 p_1q_0 等。可见这里又存在着选择权数的时期问题，即在上述四者中选择哪个权数为更佳的问题。

二、平均指数编制的基本原理

计算所研究现象（复杂现象总体）各个项目的个体指数；以个体指数为变量值，给出一定的物值（pq）权数，采用加权平均求得平均数指数。

注意：用作权数的物值（如 pq）有以下四种组合方式：p_0q_0、p_1q_1、p_0q_1、p_1q_0。但经常用作权数的物值是 p_0q_0 和 p_1q_1，其中，p_0q_0 用作计算加权算术平均指数的权数，p_1q_1 用作计算加权调和平均指数的权数。

1. 加权算术平均指数

数量指标的加权算术平均指数：

$$\bar{k}_q = \frac{\sum k_q p_0 q_0}{\sum p_0 q_0}$$

质量指标的加权算术平均指数：

$$\bar{k}_p = \frac{\sum k_p p_0 q_0}{\sum p_0 q_0}$$

其中，p_0q_0 为基期总值，$k_q = \dfrac{q_1}{q_0}$ 为数量指标个体指数，$k_p = \dfrac{p_1}{p_0}$ 为质量指标个体指数。

2. 加权调和平均指数

数量指标的加权调和平均指数：

$$\bar{k}_q = \frac{\sum p_1 q_1}{\sum \dfrac{p_1 q_1}{k_q}}$$

质量指标的加权调和平均指数：

$$\bar{k}_p = \frac{\sum p_1 q_1}{\sum \dfrac{p_1 q_1}{k_p}}$$

其中，p_1q_1 为基期总值，$k_q = \dfrac{q_1}{q_0}$ 为数量指标个体指数，$k_p = \dfrac{p_1}{p_0}$ 为质量指标个体指数。

三、平均指数的常用方法

（一）数量指标的加权算术平均指数

数量指标的加权算术平均指数：

$$\bar{k}_q = \frac{\sum k_q p_0 q_0}{\sum p_0 q_0}$$

其中，$p_0 q_0$ 为基期总值，$k_q = \frac{q_1}{q_0}$ 为数量指标个体指数。

(二) 质量指标的加权算术平均指数

质量指标的加权调和平均指数：

$$\bar{k}_p = \frac{\sum p_1 q_1}{\sum \frac{p_1 q_1}{k_q}}$$

其中：$p_1 q_1$ 为基期总值，$k_q = \frac{p_1}{p_0}$ 为数量指标个体指数。

例 7－2 某企业报告期与基期各种商品销售量和价格资料见表 7－1。试计算商品销售量的加权算术平均指数和商品价格的加权调和平均指数。

解：计算过程见表 7－3。

表 7－3 按表 7－1 资料的平均指数计算表

商品名称	单位	商品销售量		商品价格		商品销售量个体指数 %	商品价格个体指数 %	商品销售额(万元)	
		基期 q_0	报告期 q_1	基期 p_0	报告期 p_1			基期 p_0q_0	报告期 p_1q_1
甲	件	120	100	20.00	4.00	83.3	20	2400	400
乙	支	800	1 000	4.00	6.00	125.0	10	3 200	6 000
丙	个	1 000	1 200	150.00	150.00	120.0	100	150 000	180 000
合计		—	—	—	—	—	—	155 600	186 400

商品销售量的加权算术平均指数：

$$\bar{k}_q = \frac{\sum k_q p_0 q_0}{\sum p_0 q_0} = \frac{0.833 \times 2\,400 + 1.25 \times 3\,200 + 1.2 \times 150\,000}{2\,400 + 3\,200 + 150\,000}$$

$$= \frac{185\,999.2}{155\,600} = 119.54\%$$

即两种商品销售量报告期比基期总的(平均) 增长了 19.54%。

商品价格的加权调和平均指数：

$$\bar{k}_p = \frac{\sum p_1 q_1}{\sum \frac{p_1 q_1}{k_p}} = \frac{400 + 6\,000 + 180\,000}{\frac{400}{20\%} + \frac{6\,000}{150\%} + \frac{180\,000}{100\%}} = 100.22\%$$

即两种商品价格报告期比基期总的(平均) 增长了 0.22%。

四、平均指数与综合指数的关系及两者在应用上的不同特点

(一) 平均指数与综合指数的关系

数量指标的加权算术平均指数:

$$\frac{\sum k_q p_0 q_0}{\sum p_0 q_0} = \frac{\sum \frac{q_1}{q_0} p_0 q_0}{\sum p_0 q_0} = \frac{\sum p_0 q_1}{\sum p_0 q_0} \quad \text{(数量指标综合指数)}$$

质量指标的加权算术平均指数:

$$\frac{\sum p_1 q_1}{\sum \frac{p_1 q_1}{k_p}} = \frac{\sum p_1 q_1}{\sum \frac{p_1 q_1}{\frac{p_1}{p_0}}} = \frac{\sum p_1 q_1}{\sum p_0 q_1} \quad \text{(质量指标综合指数)}$$

由上式可见,数量指标的算术平均指数,在采用基期物值($p_0 q_0$)为权数的特定情况下,与数量指标综合指数的计算结论相同;质量指标的调和平均指数,在采用报告期物值($p_1 q_1$)为权数的特定情况下,与质量指标综合指数的计算结论相同。

注意:由于权数中含有指数化因素在内,按照动态对比的原则,在计算指数时,权数中的指数化因子所属的时期,不能与个体指数的分子、分母所属的时期相违背;否则,加权后相互抵消将失去了动态对比的意义。这样在算术平均指数的编制中,由于权数的合计构成指数的分母,所以其指数化因素应选择基期数值($p_0 q_0$);而在调和平均指数的编制中,由于权数的合计构成指数的分子,所以其指数化因素应选择报告期数值($p_1 q_1$)。

(二) 平均指数与综合指数在应用上的不同特点

(1) 综合指数主要适用于全面资料的编制;平均指数既可以根据全面资料编制,也可以根据非全面资料编制。

(2) 综合指数一般是采用实际资料作为权数来编制;而平均指数除可以采用实际资料编制外,还可以采用非实际资料为权数编制。

另外,综合指数分子、分母之差具有一定的经济内容,即说明由于价格或物量变动带来价值总量指标的增减额;而平均指数,特别是采用固定权数的平均指数,只具有相对数的意义,分子、分母之差都不具有指数化因素对价值总量指标增减的影响等经济内容。

五、经济生活中常用的指数简介

(一) 商品零售物价总指数

商品零售物价指数是反映城乡商品零售价格变动趋势的一种经济指数。商品零售物价的调整变动直接影响到城乡居民的生活支出和国家的财政收入,影响居民购买力和市场供需平衡,影响消费与积累的比例。因此,计算商品零售物价指数,可以从一个侧面对上述经济活动进行观察和分析。

商品零售物价指数采用加权算术平均公式计算。每年根据住户调查资料调整一次权数。每种商品的个体指数采用代表规格品的平均价格计算，其加权算术平均法指数的公式为：

$$\bar{k}_p = \frac{\sum k_p p_0 q_0}{\sum p_0 q_0}$$

k_p 为各大(中或小)类商品价格指数。

在国内外统计工作中广泛使用平均法指数. 但编制时很难得到全面系统的相关信息。所以，现实中往往采用经济发展比较稳定的某一时期的代表规格品的价值总量作为固定权数(w)，该权数一经确定就沿用数年不变。例如，我国的零售物价指数和工业生产指数都是采用固定权数的平均法指数。其形式有固定加权算术平均指数和固定加权调和平均指数两种。其中固定加权算术平均指数的公式为

$$\bar{k}_p = \frac{\sum k_p w}{\sum w}$$

w 为各类商品零售额比重。

采用固定权数的平均指数，可以避免每次编制指数权数时资料来源的困难，也便于前后不同时期的比较。

我国编制商品零售物价指数时，全国统一规定了商品分类。全部商品分为 14 大类，每个大类又分若干中类，中类再分为小类，每个小类又包括若干商品。各大类、中类、小类中各部分零售额比重均等于 100%。这样，各小类的加权平均指数便是中类的指数，各中类的加权平均指数便是大类的指数，各大类的加权平均指数就是总指数，即商品零售物价指数。

(二) 工业生产指数

近年来，为了改革工业发展速度的计算方法，国家统计局先后对多种方法进行试算，最后经过反复比较权衡，决定以工业生产指数取代沿用数十年之久的不变价工业总产值来反映工业发展速度。

工业生产指数是直接利用工业产品产量计算代表产品的个体产量指数，然后以工业增加值作为权数，经加权平均来计算工业总体的发展速度。世界上大多数国家都十分重视编制工业生产指数，而且多以基期的增加值 p_0q_0 为权数，或采用各工业部门增加值在全部工业增加值应占的比重固定作为权数的办法。

我国决定从 1997 起在全国范围内试行编制工业生产指数，原有的用不变价工业总产值计算工业发展速度的方法依旧维持，和工业生产指数双轨并行。从 1999 年正式在全国范围内推行工业生产指数。

(三) 股票价格指数

股票价格指数是用来表示多种股票价格变动的相对数。各个股票市场都有

自己的股票价格指数，不同的股票价格指数，计算的对象和基数不同，计算的方法也有所不同，但多数还是采用L式股价指数和P式股价指数，下面简单介绍几种具体的股票价格指数。

1. 恒生指数

香港的恒生指数是香港股票市场历史最久、影响最大的一种股价指数。由恒生银行编制，以1964年7月31日为基日，基数为100。恒生指数由33种具有代表性的经济实力雄厚的大公司的股票组成，这些股票分布在各主要行业，即金融业4种，公用事业6种，房地产业9种，其他工商业包括航运及酒店14种。恒生指数就是根据这33种上市股票每天的收市价，算出当天这些上市公司的总市值，再与基期的资本总市值相比，乘以100得出当天的指数。

2. 上海证券交易所股价指数

它采用的是P式综合法，上市的全部股票都参与计算，以正式开业日1990年12月19日为基期来计算。该指数于1991年7月15日正式发布。

$$今日股价指数\ \bar{k}_p = \frac{今日市价总值}{基日市价总值} \times 100\% = \frac{\sum q_1 p_1}{\sum q_0 p_0} \times 100\%$$

3. 深圳证券交易所股价指数

1991年4月4日起深圳各股票在深圳证券交易所集中上市，并以4月3日为基期，编制深圳证券交易所股价指数。该指数采用一种递推的计算方法。

$$计算日股价指数\ \bar{k}_p = \frac{计算日市价总值}{基日市价总值} \times 100\%$$

（四）固定资产投资价格指数

固定资产投资价格指数是反映固定资产投资额价格变动趋势和程度的相对数。固定资产投资额是由建筑安装工程投资完成额，设备、工器具购置投资完成额和其他费用投资完成额三部分组成的。编制固定资产投资价格指数应首先分别编制上述三部分投资的价格指数，然后采用加权算术平均法求出固定资产投资价格总指数。

（五）居民消费价格指数

居民消费价格指数是反映一定时期内城乡居民所购买的生活消费品价格和服务项目价格变动趋势和程度的相对数，是对城市居民消费价格指数和农村居民消费价格指数进行综合汇总计算的结果。利用居民消费价格指数，可以观察和分析消费品的零售价格和服务价格变动对城乡居民实际生活费支出的影响程度。

（六）进出口贸易指数

进出口贸易指数包括进出口总值指数、进出口价格指数和进出口物量指数。

$$进出口总值指数 = 进出口价格指数 \times 进出口物量指数$$

第四节　指数体系和因素分析

一、指数体系的概念和作用

（一）指数体系的概念

当一个数量指标与一个质量指标的乘积等于一种经济指标时，则该数量指标指数与质量指标指数的乘积也等于这个经济指标的指数。例如，

商品销售额 pq = 商品销售量 q × 商品价格 p

销售额指数 = 销售量指数 × 价格指数

$$\frac{\sum p_1 q_1}{\sum p_0 q_0} = \frac{\sum q_1 p_0}{\sum q_1 p_0} \times \frac{\sum p_1 q_1}{\sum p_0 q_1}$$

总变动指数 = 数量指标指数 × 质量指标指数

我们把上述由三个或三个以上具有内在联系的指数构成的有一定数量对等关系的整体，称为指数体系。指数体系中各指数之间的数量联系，不仅反映在相对数之间，而且还反映在绝对数之间，即总变动指数不仅等于各因素指数的乘积，而且总变动指数引起的增减额等于各因素指数变动所引起的增减额之和，这也是指数体系的两个基本含义。

在指数体系中，包括的指数分为两大类：一类是反映现象总变动的指数，通常表现为广义的总指数，这类指数在一个指数体系中只有一个，一般放在算式的左边；另一类是反映某一因素变动的指数，称为因素指数，这类指数在一个指数体系中可以是多个，一般放在等式的右边。

（二）指数体系的作用

(1) 指数体系是因素分析的依据，即利用指数体系可以从数量方面分析现象总变动中受各个因素变动的影响程度和影响绝对额。

(2) 利用指数体系可以进行各指数之间的相互推算。

（三）指数体系的特点

(1) 由总变动指数及其若干个因素指数构成数学关系式。

(2) 总变动指数等于各因素指数的乘积。

(3) 总变动指数的变动差额等于各因素指数变动差额之和。

(4) 各因素指数的权数必须是不同期的。

（四）编制指数体系的基本原则与方法

编制指数体系的基本原则和方法，就是在测定现象总变动中某一因素的变动影响时，必须将另一个因素或其他因素固定下来，即假定另一个因素或其他因素不变，以消除其影响。

二、因素分析

利用指数从数量方面分析复杂经济现象总变动中各个因素变动影响的方法，称为因素分析法。

三、因素分析的要点

(1) 因素分析的研究对象是受多因素影响的，这类现象表现为若干个因素的乘积，其中每个因素发生变化都会使该现象发生变化。

(2) 因素分析的基本特点是假定其他因素不变，测定其中一个因素对其影响的方向和程度。

(3) 指数体系是因素分析的基本依据，因素分析是指数体系的实际运用。

(4) 因素分析的结果可以用相对数来表示，也可以用绝对数来表示，一般是相对数与绝对数结合起来说明分析的结果。

四、因素分析的方法和内容

如前所述，因素分析就是借助于指数体系，从数量方面分析现象总变动中受各个因素变动的影响程度和影响绝对额。

因素分析的方法有综合指数法和连锁替代法两种(这两种方法的实质是一样的)。

五、连锁替代法

利用指数体系进行因素分析，一般是采用连锁替代法。

(一) 连锁替代法的概念

所谓连锁替代法，就是在被分析指标的因素结合式中，根据各因素的性质和相互联系的数量关系，将各个因素的基期数字顺次以报告期的数字替代，有多少因素就替代多少次；每次替代后的结果与替代前的结果进行对比，就是被替代因素的变动对被分析指标变动的影响程度。两者之差就是被替代因素的变动对被分析指标变动的影响绝对额，即从相对数和绝对数两个方面分析各因素对现象总体的影响。运用连锁替代法进行因素分析时应注意以下问题：

(1) 各因素的排列顺序。根据各因素之间的相乘关系，确定各因素的合理排列顺序，即先数量指标因素，后质量指标因素；先基础因素，后派生因素；先内涵因素，后外延因素。

(2) 注意相邻因素相乘后的经济含义。

(二) 连锁替代法的相对数关系式和绝对数关系式

1. 相对数关系式

被分析指标总变动程度等于各因素变动影响程度的连乘积，即

$$\frac{\sum a_1b_1c_1}{\sum a_0b_0c_0}=\frac{\sum a_1b_0c_0}{\sum a_0b_0c_0}\times\frac{\sum a_1b_1c_0}{\sum a_1b_0c_0}\times\frac{\sum a_1b_1c_1}{\sum a_1b_1c_0}$$

2. 绝对数关系式

被分析指标总变动绝对额等于各因素变动影响绝对额的总和，即

$$\left(\sum a_1b_1c_1-\sum a_0b_0c_0\right)=\left(\sum a_1b_0c_0-\sum a_0b_0c_0\right)+\left(\sum a_1b_1c_0-\sum a_1b_0c_0\right)+\left(\sum a_1b_1c_1-\sum a_1b_1c_0\right)$$

下面介绍采用综合指数法进行因素分析的方法。综合指数法进行因素分析，即用编制综合指数的方法，根据数量指标综合指数与质量指标综合指数所形成的体系对现象总变动进行因素分析。

（价值指标） （数量指标） （质量指标）

总变动指数 综合指数 综合指数

↑ ↑ ↑

$$\frac{\sum p_1q_1}{\sum p_0q_0}=\frac{\sum q_1p_0}{\sum q_0p_0}\times\frac{\sum p_1q_1}{\sum p_0q_1}$$

总变动指数 = 各因素指数的乘积

$$\sum p_1q_1-\sum p_0q_0=\left(\sum q_1p_0-\sum q_0p_0\right)+\left(\sum p_1q_1-\sum p_0q_1\right)$$

总变动指数分子与分母的差额 = 各因素指数分子与分母的差额的总和

注意：在两因素指数中，数量指标综合指数是采用拉氏指数，质量指标综合指数是采用帕氏指数。习惯上，人们常选择拉氏数量指数和帕氏质量指数来构成指数体系。

六、因素分析的种类

因素分析的种类包括总量指标变动的因素分析和总平均指标变动的因素分析。

（一）总量指标变动的因素分析

1. 总量指标变动的两因素分析

对复杂现象总体的总量指标进行因素分析，要在编制综合指数后的基础上进行。例如，要分析多种商品销售额的变动，就要编制出商品销售额指数用来反映总的变动情况，以商品销售量综合指数和商品价格综合指数为因素指数，分别反映销售量和价格两个因素的变动对销售额变动的影响。

例 7－3 某企业报告期与基期各种商品销售量和价格资料见表 7－1。试分析商品销售量的变动和商品价格的变动对商品销售额变动影响的程度和影响的绝对额。（要求：从相对数和绝对数两个方面进行分析）

解：计算过程见表 7－4。

表7－4　按表7－1资料的影响因素的综合分析计算表

商品名称	计量单位	商品销售量		商品价格		商品销售额(万元)		
		基期 q_0	报告期 q_1	基期 p_0	报告期 p_1	基期 p_0q_0	报告期 p_1q_1	假定 p_0q_1
甲	件	120	100	20.00	4.00	2 400	400	2 000
乙	支	800	1 000	4.00	6.00	3 200	6 000	4 000
丙	个	1 000	1 200	150.00	150.00	150 000	180 000	180 000
合计		—	—	—	—	155 600	186 400	186 000

(1) 计算被分析指标总变动指数及分子与分母的差额。

商品销售额指数：

$$\frac{\sum p_1q_1}{\sum p_0q_0} = \frac{186\ 400}{155\ 600} = 119.79\%$$

$$\sum p_1q_1 - \sum p_0q_0 = 186\ 400 - 155\ 600 = 30\ 800(\text{元})$$

(2) 计算各因素指数及分子与分母的差额。

商品销售量综合指数：

$$\frac{\sum q_1p_0}{\sum q_0p_0} = \frac{186\ 000}{155\ 600} = 119.54\%$$

$$\sum q_1p_0 - \sum q_0p_0 = 186\ 000 - 155\ 600 = 30\ 400(\text{元})$$

商品销售价格综合指数：

$$\frac{\sum p_1q_1}{\sum p_0q_1} = \frac{186\ 400}{186\ 000} = 100.22\%$$

$$\sum q_1p_1 - \sum q_1p_0 = 186\ 400 - 186\ 000 = 400(\text{元})$$

(3) 影响因素的综合分析(建立相对数和绝对数体系)。

销售额指数 = 销售量指数 × 价格指数

$$\frac{\sum p_1q_1}{\sum p_0q_0} = \frac{\sum q_1p_0}{\sum q_0p_0} \times \frac{\sum p_1q_1}{\sum p_0q_0}$$

$$119.79\% = 119.54\% \times 100.22\%$$

$$\sum p_1q_1 - \sum p_0q_0 = (\sum q_1p_0 - \sum q_0p_0) + (\sum p_1q_1 - \sum p_0q_1)$$

$$30\ 800(\text{元}) = 30\ 400(\text{元}) + 400(\text{元})$$

上述计算结果表明：商品销售额报告期比基期增长了19.79%，增加的绝对额为30 800元，这是由于商品销售量的变动使商品销售额增长了19.54%，增加的绝对额为30 400元。由于商品价格的变动使商品销售额增长了0.22%，增加的绝对额为400元。

2. 总量指标变动的多因素分析

客观现象是比较复杂的,有时某一现象的变动可能要受到三个或三个以上因素的影响。当一个总量指标可以表示为三个或三个以上因素指标的连乘积时,同样可以利用指数体系测定各因素变动对总变动的影响,这种分析就是对总量指标的多因素分析。

原材料消耗总金额 = 产量 × 单位产品材料消耗量 × 单位原材料价格

$$qmp = (q) \times (m) \times (p)$$

在进行多因素分析时,应注意以下问题:

(1) 多因素分析的基本依据仍然是指数体系,即各因素指数的乘积等于总变动指数;各因素指数分子与分母的差额的总和等于总变动指数分子与分母的差额。

(2) 进行多因素分析,为测定某因素变动的影响,应把其他两个或两个以上因素固定不变,通常是按编制数量指标指数和质量指标指数的一般原则确定。

(3) 根据各因素之间的相乘关系,确定各因素的合理排列顺序,即先数量指标,后质量指标;先基础因素,后派生因素。注意每相邻因素相乘后的实际经济意义。(中间指标与左右指标结合形成有经济意义的指标后,仍是数量指标在前,质量指标在后。)

$$\underset{(qmp)}{\text{原材料消耗总金额}} = \text{产量}(q) \times \overbrace{\text{单位产品原材料消耗量}(m) \times \text{单位原材料价格}(p)}^{\text{单位产品原材料消耗金额}(mp)}$$

$$\frac{\sum q_1 m_1 p_1}{\sum q_0 m_0 p_0} = \frac{\sum q_1 m_0 p_0}{\sum q_0 m_0 p_0} \times \frac{\sum q_1 m_1 p_0}{\sum q_1 m_0 p_0} \times \frac{\sum q_1 m_1 p_1}{\sum q_1 m_1 p_0}$$

$$\sum q_1 m_1 p_1 - \sum q_0 m_0 p_0 = \left(\sum q_1 m_0 p_0 - \sum q_0 m_0 p_0\right) + \left(\sum q_1 m_1 p_0 - \sum q_1 m_0 p_0\right) + \left(\sum q_1 m_1 p_1 - \sum q_1 m_1 p_0\right)$$

(二) 总平均指标变动的因素分析

总平均指标指数是将某一平均指标数值在两个不同时期对比所形成的相对数。它的一般表现形式为:

$$\bar{x} = \frac{\sum x \cdot f}{\sum f} = \sum x \cdot \frac{f}{\sum f} \quad \text{(在分组条件下)}$$

$$\text{总平均指标}(\bar{x})\text{分为}\begin{cases}\text{各组平均指标}(x) \rightarrow \text{(质量指标)} \\ \text{各组单位数比重}\left(\dfrac{f}{\sum f}\right) \rightarrow \text{(数量指标)}\end{cases}$$

$$\frac{\bar{x}_1}{\bar{x}_0}=\frac{\dfrac{\sum x_1\cdot f_1}{\sum f_1}}{\dfrac{\sum x_0\cdot f_0}{\sum f_0}}=\frac{\sum x_1\cdot\dfrac{f_1}{\sum f_1}}{\sum x_0\cdot\dfrac{f_0}{\sum f_0}}$$

$\bar{x}_1$ 为报告期总平均指标，$\bar{x}_0$ 为基期总平均指标。

所以该公式说明平均数受各组水平（变量值）和总体结构（比重）这两个因素的影响，因此要分析平均指标 x 的变动，就应从各组水平数 x 与总体结构值 $f/\sum f$ 两个方面来进行。同时参照综合指数确定同度量因素的一般原则，规定各组水平值 x 为与质量指标相似的数值，以总体结构值 $f/\sum f$ 为数量指标相似的数值，来比照建立平均指标因素分析指数体系如下。

$$\frac{\bar{x}_1}{\bar{x}_0}=\frac{\sum x_1\cdot\dfrac{f_1}{\sum f_1}}{\sum x_0\cdot\dfrac{f_0}{\sum f_0}}=\frac{\sum x_0\cdot\dfrac{f_1}{\sum f_1}}{\sum x_0\cdot\dfrac{f_0}{\sum f_0}}\times\frac{\sum x_1\cdot\dfrac{f_1}{\sum f_1}}{\sum x_0\cdot\dfrac{f_1}{\sum f_1}}$$

总平均指标的固定构成指数　　总平均指标的结构变动影响指数　　总平均指标的可变构成指数

$$\bar{x}_1-\bar{x}_0=\left(\sum x_1\cdot\frac{f_1}{\sum f_1}-\sum x_0\cdot\frac{f_0}{\sum f_0}\right)$$

$$=\left(\sum x_0\cdot\frac{f_1}{\sum f_1}-\sum x_0\cdot\frac{f_0}{\sum f_0}\right)+\left(\sum x_1\cdot\frac{f_1}{\sum f_1}-\sum x_0\cdot\frac{f_1}{\sum f_1}\right)$$

上述列出的指数体系包括了三个指数：固定构成指数、结构变动影响指数和可变构成指数。

1. 固定构成指数

它是将总体构成（各部分比重）固定在报告期计算的总平均指标指数，该指数消除了总体结构变动的影响，专门用以综合反映各部分（组）水平变动对总体平均指标变动的影响。因而在其数值表现上，它总是介于各部分（组）指数的范围内。事实上，固定构成指数是各个部分（组）指数的加权算术平均数。

2. 结构变动影响指数

它是将各部分（组）水平固定在基期条件下计算的总平均指标指数，用以反映总体结构变动对总体平均指标变动的影响。

3. 可变构成指数

它是根据报告期和基期总体平均指标的实际水平对比计算的，包括了总体各部分（组）水平和总体结构两个因素变动的综合影响。它全面地反映了总体平均水平的实际变动状况。在结构影响较大的情况下，可变结构指数的数值有可能超出各个部分的变动程度范围。也就是说，与各个部分（组）的指数相比较，有可能比最大的部分指数还大，也有可能比最小的部分指数还小。

例7－4　根据表7－5的资料，试对总平均工资的变动进行因素分析。（要求：从相对数和绝对数两个方面进行分析）

表7－5　某企业不同种类工人平均工资和商品销售额计算表

工人类别	工人人数		平均工资（元／人）		商品销售额（万元）		
	基期 f_0	报告期 f_1	基期 x_0	报告期 x_1	基期 x_0f_0	报告期 x_1f_1	假定 x_0f_1
技工	600	630	3 000	3 00	180. 00	220. 50	210. 00
徒工	400	870	1 500	2 000	60. 00	174. 00	80. 00
合计	1 000	1 500	—	—	240. 00	394. 50	290. 00

解：
$$\bar{x}_1=\frac{\sum x_1\cdot f_1}{\sum f_1}=\sum x_1\cdot\frac{f_1}{\sum f_1}=\frac{394.50}{1\,500}=2\,630（元／人）$$

$$\bar{x}_0=\frac{\sum x_0\cdot f_0}{\sum f_0}=\sum x_0\cdot\frac{f_0}{\sum f_0}=\frac{240.00}{1\,000}=2\,400（元／人）$$

$$\bar{x}_n=\frac{\sum x_0\cdot f_1}{\sum f_1}=\sum x_0\cdot\frac{f_1}{\sum f_1}=\frac{290.00}{1\,500}=1\,933（元／人）$$

总平均指标可变指数：

$$\frac{\bar{x}_1}{\bar{x}_0}=\frac{\sum x_1\cdot\frac{f_1}{\sum f_1}}{\sum x_0\cdot\frac{f_0}{\sum f_0}}=\frac{2\,630}{2\,400}=1.095\,8$$

$$\bar{x}_1-\bar{x}_0=\sum x_1\cdot\frac{f_1}{\sum f_1}-\sum x_0\cdot\frac{f_0}{\sum f_0}=2\,630-2\,400=230（元／人）$$

计算结果表明该企业总平均工资报告期比基期上升了9.58%，绝对值增加了230元／人。

总平均指标固定结构指数：

$$\frac{\sum x_1\cdot\frac{f_1}{\sum f_1}}{\sum x_0\cdot\frac{f_1}{\sum f_1}}=\frac{2\,630}{1\,933}=1.360\,6$$

$$\sum x_1\cdot\frac{f_1}{\sum f_1}-\sum x_0\cdot\frac{f_0}{\sum f_0}=2\,630-1\,933=697（元／人）$$

计算结果表明，（假如排除工人数结构的变动影响）由于两类工人的工资水平变动影响，使该企业总的平均工资报告期比基期提高 36.06%，绝对值增加 697 元/人。

总平均指标结构变动影响指数：

$$\frac{\sum x_0 \cdot \frac{f_1}{\sum f_1}}{\sum x_0 \cdot \frac{f_0}{\sum f_0}} = \frac{1\,933}{2\,400} = 0.805\,4$$

$$\sum x_0 \cdot \frac{f_1}{\sum f_1} - \sum x_0 \cdot \frac{f_0}{\sum f_0} = 1\,933 - 2\,400 = -467(\text{元/人})$$

计算结果表明，由于工人数结构的变动影响，使该企业总的平均工资报告期比基期下降 19.46%，绝对值减少 467 元/人。

$$109.58\% = 80.54\% \times 136.06\%$$

$$230(\text{元/人}) = 697(\text{元/人}) - 467(\text{元/人})$$

课堂练习

一、单项选择题

1. 已知某工厂生产三种不同产品，在掌握其基期、报告期的总产值和个体产量指数时，编制三种产品产量总指数应采用（　　）

A. 加权算术平均指数　　B. 数量指标综合指数

C. 加权调和平均指数　　D. 质量指标综合指数

答案：A。

2. 某企业今年一季度同去年一季度相比，产量提高了 5%，产值增长了 15%，则产品价格提高了（　　）

A. 109.5%　　B. 9.5%　　C. 300%　　D. 2 000%

答案：B。

二、多项选择题

全社会零售商品价格指数属于（　　）

A. 个体指数　　B. 总指数　　C. 数量指标指数

D. 质量指标指数　　E. 平均指标指数

答案：BD。

三、填空题

在编制综合指数时，拉氏公式与帕氏公式的主要区别在于____________。
答案：同度量因素的时期不同。

四、简答题

某厂有技术工人和辅助工人两类工人，技术工人的平均工资高于辅助工人。假定今年与去年相比，全厂工人总数及两类工人的平均工资均没有变化。试问全厂工人的总平均工资会怎样变化？请说明原因。

参考答案：全厂工人的总平均工资会有几种情况：第一种情况，当两类工人的结构不变时，总平均工资将不变；第二种情况，当技术工人的比重上升而辅助工人的比重下降时，总平均工资将提高；第三种情况，当技术工人的比重下降而辅助工人的比重上升时，总平均工资将下降。

五、计算题

1. 某地区基期和报告期的两类商品资料见表 7－6。

表 7－6　计算资料表

商品名称	收购总额（万元）		收购价格类指数（%）
	基期	报告期	
甲	140	138.6	105
乙	60	78.4	98

试计算：

（1）收购价格总指数和由于收购价格变动而增加的收购额。

（2）收购量总指数和由于收购量变动而增加的收购额。

参考答案：

（1）收购价格总指数：

$$\frac{\sum p_1q_1}{\sum p_0q_1}=\frac{\sum p_1q_1}{\sum \frac{p_1q_1}{k_p}}=\frac{217}{212}=102.36\%$$

由于收购价格变动而增加的收购额为：

$$\sum p_1q_1-\sum \frac{p_1q_1}{k_p}=217-212=5（万元）$$

（2）收购量总指数：

$$\frac{\sum p_0q_1}{\sum p_0q_0}=\frac{\sum \frac{p_1q_1}{k_p}}{\sum p_0q_0}=\frac{212}{200}=106\%$$

由于收购量变动而增加的收购额为：

$$\sum \frac{p_1q_1}{k_p} - \sum p_0q_0 = 212 - 200 = 12(万元)$$

2. 已知某市基期商品零售额为 8 600 万元，报告期比基期增加 4 290 万元，报告期比基期零售物价上涨 11.5%。试分析该市社会商品零售额变动中由于零售物价变动和零售量变动的影响程度和影响绝对额。

参考答案：根据已知条件，可得，基期商品零售额：

$$\sum q_0p_0 = 8\ 600(万元)$$

报告期商品零售额：

$$\sum q_1p_1 = 8\ 600 + 4\ 290 = 12\ 890(万元)$$

根据指数体系可得商品物价指数：

$$\frac{\sum p_1q_1}{\sum p_0q_1} = 1 + 11.5\% = 111.5\%$$

商品零售额指数：

$$\frac{\sum p_1q_1}{\sum p_0q_0} = \frac{12\ 890}{8\ 600} = 149.9\%$$

$$\frac{\sum p_1q_1}{\sum p_0q_0} = \frac{\sum q_1p_0}{\sum q_0p_0} \times \frac{\sum p_1q_1}{\sum p_0q_1}$$

商品零售量指数：

$$\frac{\sum q_1p_0}{\sum q_0p_0} = \frac{商品零售额指数}{商品零售物价指数} = \frac{149.9\%}{111.5\%} = 134.4\%$$

又因为

$$\sum q_1p_0 = \sum q_0p_0 \times 134.4\% = 8\ 600 \times 134.4\% = 11\ 561(万元)$$

商品零售物价和商品零售量对商品零售额变动影响的相对程度为：

$$149.9\% = 111.5\% \times 134.4\%$$

商品零售物价和商品零售量对商品零售额变动影响的绝对值为：

$$\sum p_1q_1 - \sum p_0q_0 = (\sum q_1p_0 - \sum q_0p_0) + (\sum p_1q_1 - \sum p_0q_1)$$

$$12\ 890 - 8\ 600 = (12\ 890 - 11\ 561) + (11\ 561 - 8\ 600)$$

$$4\ 290(万元) = 2\ 961(万元) + 1\ 329(万元)$$

计算结果表明，该市社会商品零售额报告期比基期增长了 49.9%，这是由于商品零售量增长 34.4%，商品零售物价上涨 11.5% 两个因素共同作用所造成的；而商品零售额报告期比基期增加 4 290 万元，这是由于商品零售量增加 2 961 万元，商品零售物价增加 1 329 万元的结果。

思考题

1. 什么是统计指数?它有什么作用?
2. 编制综合指数的特点是什么?
3. 统计指数的构成因素有哪些?
4. 什么是同度量因素?它有什么作用?
5. 在编制综合指数中如何选择同度量因素?
6. 平均数指数与综合指数比较有哪些特点?
7. 什么是指数体系?它有什么作用?
8. 什么是因素分析?如何利用指数体系进行因素分析?

第八章　时间数列

学习要点

通过对本章的学习，要求掌握以下内容：

1. 时间数列的概念、种类，掌握时间数列的水平分析与速度分析，了解现象发展趋势的分析和现象季节变动的分析；

2. 时间数列的长期趋势分析、季节变动分析；

3. 动态分析指标之间的推算、时期数列和时点数列的区别；

4. 平均发展速度与平均增长速度的计算、序时平均数的种类及其计算方法。

任何事物都处于不断地运动、变化、发展之中，因此，人们要想认识某一现象，就必然要观察过去的实际资料，并根据实际资料分析客观现象随时间推移而呈现出的反映现象发展变化的客观规律，并以此为依据，预测现象未来的发展趋势，这种分析方法称为时间数列分析。

第一节　时间数列概述

一、时间数列的概念及作用

（一）时间数列的概念

1. 时间数列

时间数列也称动态数列，是将反映某现象的统计指标在不同时间上的数值，按时间先后顺序排列而形成的一种数列（见表 8 - 1）。

表 8－1　按年份排列的我国重要数据资料

年　份	2007	2008	2009
我国年客运量(万人)	2 227 761.0	2 867 892	2 976 898.0
我国年末一次能源生产量(万吨标准煤)	247 279.0	260 552	274 618.0
我国城市公园面积(公顷)	202 244.0	218 260	235 825.0
国内旅游者人均花费(元/人)	482.6	511	535.4

2. 时间数列的构成要素

时间数列由两个部分组成：一是现象所属的时间；二是反映该现象在各时间表现的具体数值。

(二) 时间数列的作用

编制时间序列是计算动态分析指标和分析客观现象发展变化过程及规律的基础，具体来讲，它有以下作用：

(1) 反映客观现象在不同时间上的规模和水平。

(2) 反映客观现象随着时间推移发展变化的过程和趋势。

(3) 用于探索某些客观现象发展变化的规律性。

(4) 根据客观现象发展变化的规律性，建立数学模型，预测未来。

二、时间数列的种类

(一) 总量指标时间数列

总量指标时间数列(又称绝对数时间数列)是指动态数列中排列的各项数据都是总量指标(绝对数)。在总量数列中，由于数据所反映的时间状态不同，又可分为时期数列和时点数列。

1. 时期数列

时期数列是由时期指标构成的时间数列，时期指标具有时间量纲(如一月、一季或一年)，反映事物在一段时期(过程)内的发展总量。例如，一定时期内的国内生产总值、钢产量等。

时期数列具有以下特点：

(1) 时期数列中各项指标数值可以累加，相加后，表示事物在更长一段时期内的总量。

(2) 时期数列中各项数值的大小与其时期长短有直接关系。

(3) 时期数列中各项数值是通过连续登记、汇总得到的。

2. 时点数列

时点数列是由时点指标构成的时间数列，时点指标是反映事物在某一时刻(瞬间)所达到的状态。例如，资产和负债在某一时点上的存量，是瞬时的状态，没有时间量纲。

时点数列具有以下特点：

(1) 时点数列中各相邻数值不能累加，即相加后的结果无意义。

(2) 时点数列中各相邻数值的大小与其时点间隔长短无直接关系。

(3) 时点数列中各项数值是通过一次性登记取得的。例如，河北省历年的人口数。

(二) 相对数时间数列

相对数时间序列是把相对指标在不同时间上的数值，按时间先后顺序加以排列而形成的时间序列，它反映现象数量对比关系的发展变化过程，在相对数时间序列中，各项指标数值不能直接相加。

(三) 平均数时间数列

平均数时间序列是把平均指标在不同时间上的数值，按时间先后顺序加以排列而形成的时间序列。它反映现象一般水平的发展变化情况，在平均数时间序列中，各项指标数值也不能直接相加。

在三种时间数列中，总量指标时间数列是基本数列，相对指标时间数列和平均指标时间数列是派生数列。

三、编制时间数列的原则

编制时间数列的重要目的是为了进行动态分析，通过同类指标在不同时间上的数值对比，来研究社会经济现象的发展变化过程或趋势。因此，保证时间数列中各指标数值之间的可比性是编制时间数列的基本原则。可比性的具体要求是(同一时间数列)：

(1) 时间长短应该统一，但为了特殊的目的可以编制时间不等的时间数列。

(2) 总体范围应该统一。

(3) 经济内容应该一致。

(4) 计算方法、计算价格、计算单位等要一致。

第二节　时间数列的水平指标

为了说明动态数列整体的特征及发展变化的一般水平，我们需要计算一系列动态指标。时间数列的动态分析指标分为两大类：水平指标(发展水平与平均发展水平、增长量和平均增长量)和速度指标(发展速度和平均发展速度、增长速度和平均增长速度)。另外，还有两者的结合指标，每增长1%的绝对值指标。常用的动态水平指标是序时平均数，常用的动态速度指标是发展速度和平均发展速度。

一、发展水平与平均发展水平

（一）发展水平

时间数列中各项数值称为发展水平。

第一项数值叫作最初水平，最后一项数值叫作最末水平，其余各项数值叫作中间水平。

$$a_0, a_1, a_2, \cdots, a_n$$

a_0 为最初水平，$a_1, a_2, \cdots$ 为中间水平，a_n 为最末水平。

在动态分析中，将所研究的那一期的发展水平称为报告期水平，将作为比较基础时期的发展水平称为基期水平。

发展水平在文字上的表示有：增加、增加为、降低、降低为等。

（二）平均发展水平

平均发展水平也称动态平均数或序时平均数，它是对时间数列中各期发展水平的平均，表明现象在一段时间内的一般水平。

例 8 – 1　我国 2007—2009 年商品房销售额见表 8 – 2。

表 8 – 2　我国 2007—2009 年商品房销售额

年　份	2007 a_1	2008 a_2	2009 a_3
商品房本年销售额（亿元）	29 889	25 068	44 355

试计算我国 2007—2009 年商品房销售额年平均发展水平。

解：我国 2007—2009 年商品房销售额年平均发展水平为：

$$\bar{a} = \frac{29\,889 + 25\,068 + 44\,355}{3} = \frac{99\,312}{3} = 33\,104（亿元）$$

平均发展水平与一般平均数的区别和联系。

（1）联系：两者都是将现象个别数值差异抽象化，用以概括说明现象的一般水平。

（2）区别：

① 两者所平均的对象不同。平均发展水平所平均的是研究对象在不同时期上的数量表现，从动态上说明其在某一时期内发展的一般水平；而一般平均数是将总体各单位某一数量标志在同一时间的数量差异抽象化，用以反映总体在具体历史条件下的一般水平。

② 两者计算的依据不同。平均发展水平是根据动态数列计算的，而一般平均数是根据变量数列计算的。

由于构成时间数列的数据时态不同，序时平均数的计算方法也不同。

注意：总量指标时间数列平均发展水平的计算是最基本的，相对指标及平均指标时间数列平均发展水平的计算，都可归结为总量指标时间数列平均发展水平的计算。

1. 绝对数时间数列的序时平均数

(1) 时期数列的序时平均数。因时期数列反映的现象是连续的,所以其序时平均数可采用算术平均法。其计算公式为:

$$\bar{a}=\frac{\sum a}{n}$$

式中,a 为各期发展水平,n 为时期项数。

(2) 时点数列的序时平均数。时点数列反映的是时点数,都是离散间断的。在计算序时平均数时,根据其间隔是否相等来决定是否加权。

① 连续时点数列的序时平均数。如果时点数列中的各项指标数值是按日连续登记的资料时,称为连续时点数列,这时可采用简单算术平均法求序时平均数,计算公式与时期数列的序时平均数相同,即

$$\bar{a}=\frac{\sum a}{n}$$

例如,已知某企业一个月内每天的职工人数,要计算该月份平均职工人数,就可将全月每天的职工人数相加,除以该月的日历日数即可。

例 8－2 某企业该月上旬职工人数资料见表 8－3。

表 8－3 某企业该月上旬职工人数

日　期	职工人数(人)	日　期	职工人数(人)
1 日	250	6 日	258
2 日	250	7 日	258
3 日	250	8 日	266
4 日	262	9 日	272
5 日	262	10 日	272

试计算企业该月上旬平均职工人数。

解:该月上旬平均职工人数为:

$$\bar{a}=\frac{\sum a}{n}=\frac{250+250+\cdots+272}{10}=\frac{2\,600}{10}=260(\text{人})$$

如果现象不是逐日变动,则以每次变动后持续的日数为权数(f),用加权算术平均法计算序时平均数,计算公式如下:

$$\bar{a}=\frac{\sum af}{\sum f}$$

② 间断时点数列的序时平均数。如果时点数列中的各项指标数值不是按日连续登记,而是每间隔一定天数(如一个月、一个季度或一年)登记一次,称为间断时点数列。

间断时点数列按照每相邻两个时点指标间隔的时间距离是否相等，又可分为间隔相等的间断时点数列和间隔不相等的间断时点数列两种情况。

A. 间隔相等的间断时点数列。首先计算出每相邻两个时点指标所构成时间段的平均发展水平，然后再对各时间段的平均发展水平用简单算术平均法求序时平均数。其计算公式为：

$$\bar{a}=\frac{\frac{a_1+a_2}{2}+\frac{a_2+a_3}{2}+\cdots+\frac{a_{n-1}+a_n}{2}}{n-1}$$

$$=\frac{\frac{a_1}{2}+a_2+a_3+\cdots+\frac{a_n}{2}}{n-1}$$

式中，a 为时点指标，n 为时点指标的项数，$n-1$ 为时期数。

上述方法也称为“首末折半法”。

例 8-3 某企业职工人数资料见表 8-4。

表 8-4 某企业 6 月末至 9 月末职工人数

时　间	6 月末 a_1	7 月末 a_2	8 月末 a_3	9 月末 a_4
职工人数(人)	435	452	462	576

试计算该企业第三季度月平均职工人数。

解：该企业第三季度月平均职工人数为：

$$\bar{a}=\frac{\frac{a_1+a_2}{2}+\frac{a_2+a_3}{2}+\cdots+\frac{a_{n-1}+a_n}{2}}{n-1}$$

$$=\frac{\frac{435+452}{2}+\frac{452+462}{2}+\frac{462+576}{2}}{4-1}$$

$$=473(\text{人})$$

B. 间隔不相等的间断时点数列。首先计算出每相邻两个时点指标所构成时间段的平均发展水平，然后再以每相邻两个时点指标的间隔期为权数(f)，对各时间段的平均发展水平采用加权算术平均法计算序时平均数。计算公式为：

$$\bar{a}=\frac{\frac{a_1+a_2}{2}f_1+\frac{a_2+a_3}{2}f_2+\cdots+\frac{a_{n-1}+a_n}{2}f_{n-1}}{f_1+f_2+\cdots+f_{n-1}}$$

例 8-4 某企业职工人数资料见表 8-5。

表 8 - 5　某年某企业职工人数数据

时　间	1 月初 a_1	3 月初 a_2	7 月初 a_3	8 月初 a_4	12 月末 a_5
职工人数(人)	435	452	462	576	580

试计算该企业本年月平均职工人数。

解:该企业本年月平均职工人数为:

$$\bar{a}=\frac{\frac{a_1+a_2}{2}f_1+\frac{a_2+a_3}{2}f_2+\cdots+\frac{a_{n-1}+a_n}{2}f_{n-1}}{f_1+f_2+\cdots+f_{n-1}}$$

$$=\frac{\frac{435+452}{2}\times 2+\frac{452+462}{2}\times 4+\frac{462+576}{2}\times 1+\frac{576+580}{2}\times 5}{12}$$

$$=510(\text{人})$$

2.(静态)相对指标时间数列的序时平均数

由于(静态)相对指标时间数列中的各项指标数值均不能直接相加,而且从性质上讲,(静态)相对指标时间数列是由具有相互联系的两个总量指标时间数列对比而形成的时间数列。因此,对(静态)相对指标时间数列求序时平均数,不能像总量指标时间数列那样直接采用算术平均法计算,只能按照数列的性质,分别计算出构成(静态)相对指标时间数列的分子和分母两个总量指标时间数列的平均发展水平,然后加以对比求得。其计算公式为:

$$\bar{c}=\frac{\bar{a}}{\bar{b}}\qquad \begin{aligned}&\bar{c}:c_1,c_2,c_3,\cdots,c_n\\&\bar{a}:a_1,a_2,a_3,\cdots,a_n\\&\bar{b}:b_1,b_2,b_3,\cdots,b_n\end{aligned}$$

式中,$\bar{c}$ 代表相对指标时间数列的序时平均数,$\bar{a}$ 代表分子项总量指标时间数列的序时平均数,$\bar{b}$ 代表分母项总量指标时间数列的序时平均数。

根据构成相对指标时间数列的时期数列和时点数列的不同,相对指标时间数列的序时平均数有以下几种情形:

(1)由两个时期数列对比形成的相对指标时间数列计算序时平均数。

$$\bar{c}=\frac{\bar{a}}{\bar{b}}=\frac{\sum\frac{a}{n}}{\sum\frac{b}{n}}=\frac{\sum a}{\sum b}=\frac{\sum cb}{\sum b}=\frac{\sum a}{\sum\frac{a}{c}}$$

例 8 - 5　某企业第二季度产值计划完成程度资料见表 8 - 6。

表 8－6　某企业第二季度产值计划完成率

时　　间	4 月	5 月	6 月
c 产值计划完成程度(%)	100	102	104
a 实际产值(万元)	500	612	832
b 计划产值(万元)	500	600	800

计算:该企业第二季度平均(每月)产值计划完成程度和该企业第二季度产值计划完成程度。

解:第二季度平均(每月)产值计划完成程度为:

$$\bar{c}=\frac{\bar{a}}{\bar{b}}=\frac{\text{第二季度平均每月实际产值}}{\text{第二季度平均每月计划产值}}$$

$$=\frac{\sum\frac{a}{n}}{\sum\frac{b}{n}}=\frac{\frac{500+612+832}{3}}{\frac{500+600+800}{3}}=\frac{1\ 994}{1\ 900}=102.3\%$$

第二季度产值计划完成程度为:

$$\text{第二季度产值计划完成程度}=\frac{\text{第二季度实际产值}}{\text{第二季度计划产值}}$$

$$=\frac{500+612+832}{500+600+800}=\frac{1\ 994}{1\ 900}=102.3\%$$

注意:第二季度产值计划完成程度与第二季度平均(每月)产值计划完成程度的计算结果相同。

(2) 由两个时点数列对比形成的相对指标时间数列计算序时平均数。

$$\bar{c}=\frac{\bar{a}}{\bar{b}}=\frac{\dfrac{\frac{a_1+a_2}{2}+\frac{a_2+a_3}{2}+\cdots+\frac{a_{n-1}+a_n}{2}}{n-1}}{\dfrac{\frac{b_1+b_2}{2}+\frac{b_2+b_3}{2}+\cdots+\frac{b_{n-1}+b_n}{2}}{n-1}}$$

例 8－6　某企业第三季度生产工人比重资料见表 8－7。

表 8－7　某企业第三季度生产工人比重资料

时　　间	6 月末	7 月末	8 月末	9 月末
c 生产工人比重(%)	175	78	77	80
a 生产工人数	435	452	462	576
b 全部职工人数	580	580	600	720

计算该企业第三季度平均(每月)生产工人比重。

解:该企业第三季度平均(每月)生产工人比重为:

$$\bar{c}=\frac{\bar{a}}{\bar{b}}=\frac{\dfrac{\dfrac{a_1+a_2}{2}+\dfrac{a_2+a_3}{2}+\cdots+\dfrac{a_{n-1}+a_n}{2}}{n-1}}{\dfrac{\dfrac{b_1+b_2}{2}+\dfrac{b_2+b_3}{2}+\cdots+\dfrac{b_{n-1}+b_n}{2}}{n-1}}$$

$$=\frac{\dfrac{\dfrac{435+452}{2}+\dfrac{452+462}{2}+\dfrac{462+576}{2}}{4-1}}{\dfrac{\dfrac{580+580}{2}+\dfrac{580+600}{2}+\dfrac{600+720}{2}}{4-1}}$$

$$=77.5\%$$

(3) 由一个时期数列和一个时点数列对比形成的相对指标时间数列计算序时平均数。

$$\bar{c}=\frac{\bar{a}}{\bar{b}}=\frac{\dfrac{\sum a}{n}}{\dfrac{\dfrac{b_1+b_2}{2}+\dfrac{b_2+b_3}{2}+\cdots+\dfrac{b_{n-1}+b_n}{2}}{n-1}}$$

例 8－7 某企业第一季度资金周转次数资料见表 8－8。

表 8－8 某企业一季度资金周转次数

时　间	1 月	2 月	3 月	4 月
c 资金周转次数(次)	2	2.5	2.8	
a 商品销售额(万元)	200	300.0	420.0	
b 月初商品库存额(万元)	90	110.0	130.0	170

试计算该企业第一季度平均每月资金周转次数和第一季度资金周转次数。

解:第一季度平均每月资金周转次数为:

$$\bar{c}=\frac{\bar{a}}{\bar{b}}=\frac{\sum\dfrac{a}{n}}{\dfrac{\dfrac{b_1+b_2}{2}+\dfrac{b_2+b_3}{2}+\cdots+\dfrac{b_{n-1}+b_2}{2}}{n-1}}$$

$$=\frac{\dfrac{200+300+420}{3}}{\dfrac{\dfrac{90+110}{2}+\dfrac{110+130}{2}+\dfrac{130+170}{2}}{4-1}}$$

$$=2.49(次)$$

第一季度资金周转次数为：

$$第一季度资金周转次数 = \frac{第一季度平均每月商品销售额}{第一季度平均商品库存额}$$

$$= \frac{200 + 300 + 420}{\dfrac{\dfrac{90 + 110}{2} + \dfrac{110 + 130}{2} + \dfrac{130 + 170}{2}}{4 - 1}}$$

$$= 7.47(次)$$

或第一季度资金周转次数 = 2.49 × 3 = 7.47(次)

注意：第一季度平均每月资金周转次数与第一季度资金周转次数的计算结果不相同。

3.（静态）平均数时间数列的序时平均数

（静态）平均数时间数列的序时平均数方法同（静态）相对数时间数列的序时平均数。

例 8－8 某企业第一季度人均产值资料见表 8－9。

表 8－9 某企业第一季度人均产值数据

时间	1 月	2 月	3 月	4 月
c 人均产值（万元）	3.5	4.0	5.0	
a 工业产值（万元）	350.0	480.0	750.0	
b 月初职工人数（人）	95.0	105.0	135.0	165

试计算该企业第一季度平均每月人均产值和第一季度人均产值。

解：第一季度平均每月人均产值为：

$$\bar{c} = \frac{\bar{a}}{\bar{b}} = \frac{第一季度工业总产值}{第一季度平均职工人数}$$

$$= \frac{\sum \dfrac{a}{n}}{\dfrac{\dfrac{b_1 + b_2}{2} + \dfrac{b_2 + b_3}{2} + \cdots + \dfrac{b_{n-1} + b_2}{2}}{n - 1}}$$

$$= \frac{350 + 480 + 700}{\dfrac{\dfrac{95 + 105}{2} + \dfrac{105 + 135}{2} + \dfrac{135 + 165}{2}}{3}}$$

$$= 12.81(万元/人)$$

第一季度人均产值为：

$$第一季度人均产值 = 4.27 \times 3 = 12.81(万元/人)$$

注意：该企业第一季度平均每月人均产值与第一季度人均产值的计算结果不相同。

由动态相对指标构成的时间数列(如发展速度数列等),在计算其序时平均数(如平均速度)时,不能采用上述原则。

二、增长量与平均增长量

(一)增长量

增长量是报告期水平与基期水平之差,表明现象在一定时期内增加或减少的绝对数量。根据对比基期不同,增长量数列可分为逐期增长量和累计增长量两种。

1. 逐期增长量

逐期增长量是各期水平与前一期水平之差,表明现象逐期变动的绝对数量,其数列为:

$$a_1 - a_0, a_2 - a_1, a_3 - a_2, \cdots, a_n - a_{n-1}$$

2. 累计增长量

累计增长量是各期水平与某一固定基期水平之差,表明现象在较长一段时间内累计变动的绝对数量。若为基期,则数列为:

$$a_1 - a_0, a_2 - a_0, a_3 - a_0, \cdots, a_n - a_0$$

3. 逐期增长量与累计增长量的关系

累计增长量等于相应各期逐期增长量之和,相邻两累计增长量之差等于相应的逐期增长量。

$$a_n - a_0 = (a_1 - a_0) + (a_2 - a_1) + (a_3 - a_2) + \cdots + (a_n - a_{n-1})$$

$$(a_n - a_0) - (a_{n-1} - a_0) = (a_n - a_{n-1})$$

例 8 - 9 我国 2006—2011 年的钢产量资料见表 8 - 10。

表 8 - 10 我国 2006—2011 年的钢产量资料

年 份	2006 a_0	2007 a_1	2008 a_2	2009 a_3	2010 a_4	2011 a_5
钢产量(万吨)	41 878	48 924	50 092	56 784	62 696	68 388

要求:根据上述资料计算:

(1)我国 2007—2011 年钢产量各年逐期增长量与累计增长量。

(2)我国 2007—2011 年钢产量的平均增长量。

(3)我国 2007—2011 年钢产量各年环比发展速度与定基发展速度。

(4)我国 2007—2011 年钢产量各年环比增长速度与定基增长速度。

(5)我国 2007—2011 年钢产量年平均发展速度。

根据表 8 - 10 资料,我国 2007—2011 年钢产量各年逐期增长量与累计增长量计算见表 8 - 11。

表 8-11　由表 8-10 资料计算的逐期增长量与累计增长量

年　份	2006 a_0	2007 a_1	2008 a_2	2009 a_3	2010 a_4	2011 a_5
钢产量(万 t)	41 878	48 924	50 092	56 784	62 696	68 388
逐期增长量:$a_n - a_{n-1}$	—	7 046	1 168	6 692	5 912	5 692
累计增长量:$a_n - a_0$	—	7 046	8 214	14 906	20 818	26 510

(二) 平均增长量

平均增长量是指逐期增长量的平均数,表明现象在一段时期内平均每期增长的绝对量。其计算可采用算术平均法,即

$$平均增长量 = \frac{逐期增长量之和(或)累计增长量}{逐期增长量个数}$$

根据表 8-10 资料,我国 2007—2011 年钢产量年平均增长量为:

$$\frac{7\,046 + 1\,168 + 6\,692 + 5\,912 + 5\,692}{5} = \frac{26\,510}{5} = 5\,302(万吨)$$

第三节　动态数列的速度指标

一、发展速度与增长速度

(一) 发展速度

发展速度是指动态数列中报告期水平与基期水平之比,表明现象发展变化的相对程度,用以说明报告期水平已经发展到(或增加到)基期水平的百分之几或多少倍,用倍数或百分数表示。根据对比基期不同,发展速度数列可以分为环比发展速度与定基发展速度。

1. 环比发展速度

环比发展速度是各期水平与其前一期水平之比,表明现象逐期发展变化的程度。

计算公式为:

$$\frac{a_1}{a_0},\frac{a_2}{a_1},\frac{a_3}{a_2},\cdots,\frac{a_n}{a_{n-1}}$$

2. 定基发展速度

定基发展速度是各期水平与某一固定基期水平之比,说明现象在一段时期内总的发展变化程度,故也称总速度。若以 a_0 为基期则有:

$$\frac{a_1}{a_0},\frac{a_2}{a_0},\frac{a_3}{a_0},\cdots,\frac{a_n}{a_0}$$

3. 环比发展速度与定基发展速度的关系

定基发展速度等于相应的各个环比发展速度的连乘积，相邻两定基发展速度之比等于相应的环比发展速度。

$$\frac{a_1}{a_0} \times \frac{a_2}{a_1} \times \frac{a_3}{a_2} \times \cdots \times \frac{a_n}{a_{n-1}} = \frac{a_n}{a_0}$$

$$\frac{a_n}{a_0} \div \frac{a_{n-1}}{a_0} = \frac{a_n}{a_{n-1}}$$

计算定基发展速度时，可结合研究目的选择基期。

为了消除季节变动的影响，用本期水平和去年同期水平进行比较，即以去年同期为基期来计算，这种发展速度称为“年距发展速度”。

（二）增长速度

增长速度也称增长率，是增长量与基期水平之比。说明报告期水平比基期水平增加或减少了百分之几或多少倍，是某一现象增减变化的相对程度。

$$\text{增长速度} = \frac{\text{增长量}}{\text{基期水平}} = \frac{\text{报告期水平} - \text{基期水平}}{\text{基期水平}} = \text{发展速度} - 1$$

增长速度根据对比基期不同，也有环比增长速度和定基增长速度两种。

1. 环比增长速度

环比增长速度是逐期增长量与前一期水平之比，表明现象逐期增长的程度。其公式如下：

$$\begin{aligned}\text{环比增长速度} &= \frac{\text{逐期增长量}}{\text{前一期水平}} = \frac{\text{报告期水平} - \text{前一期水平}}{\text{前一期水平}} \\ &= \text{环比发展速度} - 1(\text{或}\ 100\%)\end{aligned}$$

$$\frac{a_1}{a_0} - 1, \frac{a_2}{a_1} - 1, \frac{a_3}{a_2} - 1, \cdots, \frac{a_n}{a_{n-1}} - 1$$

2. 定基增长速度

定基增长速度是报告期的累计增长量与某一固定基期水平之比，说明现象在较长时间内总的增长速度。其公式如下：

$$\begin{aligned}\text{定基增长速度} &= \frac{\text{累计增长量}}{\text{某一固定期水平}} = \frac{\text{报告期水平} - \text{某一固定期水平}}{\text{某一固定期水平}} \\ &= \text{定基发展速度} - 1(\text{或}\ 100\%)\end{aligned}$$

$$\frac{a_1}{a_0} - 1, \frac{a_2}{a_0} - 1, \frac{a_3}{a_0} - 1, \cdots, \frac{a_n}{a_0} - 1$$

可以看出，增长速度等于发展速度减 1，当报告期水平低于基期水平时，发展速度小于 100%，增长量、增长速度均为负值，表明现象降低的数量和程度。

3. 环比增长速度与定基增长速度的关系

各个时期环比增长速度的连乘积不等于相应的定基增长速度，即

$$\left(\frac{a_1}{a_0} - 1\right) \times \left(\frac{a_2}{a_1} - 1\right) \times \left(\frac{a_3}{a_2} - 1\right) \times \cdots \times \left(\frac{a_n}{a_{n-1}} - 1\right) \neq \frac{a_n}{a_0} - 1$$

如果要由各期环比增长速度求第 n 期的定基增长速度,必须先将各期环比增长速度加上 1,还原成各期环比发展速度,然后将其连乘后,得出第 n 期的定基发展速度,再用所得的结果减 1。

根据表 8 - 10 资料,我国 2006—2011 年钢产量各年环比发展速度与定基发展速度计算见表 8 - 12。

表 8 - 12　我国 2006—2011 年钢产量各年环比发展速度与定基发展速度

年　份	2006 a_0	2007 a_1	2008 a_2	2009 a_3	2010 a_4	2011 a_5
钢产量(万吨)	41 878	48 924.00	50 092.00	56 784.00	62 696.00	68 388.00
环比发展速度(%) $\frac{a_n}{a_{n-1}}-1$	—	116.83	102.39	113.40	110.41	109.08
定基发展速度(%) $\frac{a_n}{a_0}$	100	116.83	119.61	135.59	149.71	163.30
环比增长速度(%) $\frac{a_n}{a_{n-1}}$	—	6.83	2.39	13.40	10.41	9.08
定基增长速度(%) $\frac{a_n}{a_0}-1$	—	6.83	19.61	35.59	49.71	63.30

二、平均发展速度与平均增长速度

(一) 平均发展速度和平均增长速度的概念

1. 平均发展速度的概念

平均发展速度是各环比发展速度的序时平均数,它说明现象在一个较长的时期中平均发展变化的程度。

2. 平均增长速度的概念

平均增长速度是各环比增长速度的平均数,它说明现象在一个较长的时期中逐期平均增长的程度。

平均发展速度和平均增长速度都是序时平均数,但不能根据各个环比增长速度直接求平均增长速度,而要根据平均发展速度计算。两者关系是:

$$平均增长速度 = 平均发展速度 - 1(100\%)$$

3. 计算平均发展速度和平均增长速度的意义

平均发展速度和平均增长速度之比在统计工作中用途很广,为保证长期计划的实现,在计划执行过程中,用实际平均发展速度和计划发展速度对比,可以看出计划执行的进展程度。有时平均发展速度也可以作为计划指标下达给基层。此外,还可以利用平均发展速度指标推算和预测未来。所以,它既是检查计划的依据,又是制订计划的依据。

(二) 平均发展速度的计算方法

平均发展速度的计算方法有两种:水平法(几何平均法) 和方程式法(累计

法)。采用哪种计算方法计算,要根据不同的研究任务和要求来确定。两种方法的数理论据不同,具体计算方法和应用场合也不一样。

1. 水平法(几何平均法)

用此方法需计算总速度。由于总速度不是各年环比发展速度相加的总和,而是等于各年环比发展速度的连乘积,所以,此序时平均数不能用算术平均数,而要用几何平均数计算。其公式如下:

$$\bar{x} = \sqrt[n]{x_1 \cdot x_2 \cdot \cdots \cdot x_n} = \sqrt[n]{\frac{a_1}{a_0} \times \frac{a_2}{a_1} \times \cdots \times \frac{a_n}{a_{n-1}}} = \sqrt[n]{\frac{a_n}{a_0}}$$

式中:$x_1 = \frac{a_1}{a_0}, x_2 = \frac{a_2}{a_1}, \cdots, x_n = \frac{a_n}{a_{n-1}}$ 分别表示为各期环比发展速度。

例如,根据表 8 - 10 资料,我国 2007—2011 年钢产量年平均发展速度为:

$$\bar{x} = \sqrt[n]{\frac{a_1}{a_0} \times \frac{a_2}{a_1} \times \cdots \times \frac{a_n}{a_{n-1}}}$$

$$= \sqrt[5]{1.168\,3 \times 1.023\,9 \times 1.134\,0 \times 1.104\,1 \times 1.090\,8} = 1.103$$

或 $\bar{x} = \sqrt[n]{\frac{a_n}{a_0}} = \sqrt[5]{\frac{68\,388}{41\,878}} = 1.103$

我国 2007—2011 年钢产量年平均增长速度为:

$$106.45\% - 1 = 6.45\%$$

用水平法计算平均发展速度的实质是要求在最初水平(a_0)的基础上,按平均发展速度推算的末期水平(a'_n)与实际的末期水平(a_n)一致。

(理论水平)

$$a_n' = a_0 \overbrace{\bar{x} \cdot \bar{x} \cdot \bar{x} \cdot \cdots \cdot \bar{x}}^{n}$$

所以 $a_n' = a_n$

(实际水平)

$$a_n = \overbrace{a_0 \times \frac{a_1}{a_0} \times \frac{a_2}{a_1} \times \cdots \times \frac{a_n}{a_{n-1}}}^{n}$$

所以 $\frac{a_n}{a_0} = \frac{a_n'}{a_0}$

可见,用水平法计算平均发展速度侧重于考察现象末期到达的水平,它可以直接利用期末水平与期初水平计算,简便易算,但它忽略了中间各期的水平,当中间各期环比发展速度差异很大时,就不适宜用水平法计算平均发展速度。

在实际工作中,当我们关心最后一年所达到的水平时(如国内生产总值、国民收入、主要产品产量等),可用水平法计算平均发展速度。

2. 累计法(方程式法)

累计法的实质是要求在最初水平(a_0)的基础上,各期按平均发展速度计算所得的水平之和,应等于同期实际水平之和,即按累计法计算平均发展速度需要求解如下高次方程:

$$a_1 + a_2 + \cdots + a_n = \sum a$$

$$a_0 \frac{a_1}{a_0} + a_0 \frac{a_2}{a_0} + \cdots + a_0 \frac{a_n}{a_0} = \sum a$$

$$a_0 \frac{a_1}{a_0} + a_0 \frac{a_1}{a_0} \cdot \frac{a_2}{a_1} + \cdots + a_0 \frac{a_1}{a_0} \cdot \frac{a_2}{a_1} \cdots \frac{a_n}{a_{n-1}} = \sum a$$

$$a_0 x_1 + a_0 x_1 \cdot x_2 + \cdots + a_0 x_1 \cdot x_2 \cdots x_n = \sum a$$

$$a_0 \bar{x} + a_0 \bar{x} \cdot \bar{x} + \cdots + a_0 \bar{x} \cdot \bar{x} \cdots \bar{x} = \sum a$$

$$\bar{x} + (\bar{x})^2 + \cdots + (\bar{x})^n = \frac{\sum a}{a_0}$$

用累计法计算平均发展速度,侧重于考察各期水平的总和,即现象在全期内的累计总量。这种方法适宜于诸如基本建设投资、居民住宅建设总面积、绿化面积等指标计算平均发展速这个高次方程的正根,即为累计法所求得的平均发展速度。显然,这个方程求解比较复杂,实际工作中,通常编制《平均增长速度查对表》,据之查出平均增长速度。

三、动态指标的应用原则

(一)正确选择对比基期

计算动态指标,对比基期可以是报告期前一期,也可以是固定基期。以报告期前一期作为对比基期,主要是为了说明现象逐期发展变化的情况,对于固定基期来说,一般是根据研究目的来选择。例如,分析五年计划执行情况,可选择本五年计划开始执行的前一年为基期;评价现象发展水平高低时,可以选择历史最高或最低时期为基期等。

对于受季节因素影响较明显的现象,适于选用去年同期(同月、同季)作为基期,以消除季节因素影响,从而表明它们增长变化的程度。去年同期计算的增长量和发展速度,称为年距增长量和年距发展速度,即

$$\text{年距增长量} = \text{本期发展水平} - \text{去年同期发展水平}$$

$$\text{年距发展速度} = \frac{\text{本期发展水平}}{\text{去年同期发展水平}}$$

$$\text{年距增长速度} = \frac{\text{年距增长量}}{\text{去年同期发展水平}} = \text{年距发展速度} - 1(\text{或}\ 100\%)$$

(二)增长速度与绝对增长量水平相结合

通常,基数小,增长速度高;基数大,增长速度低。所以高速度可能掩盖了低水平,而低速度又可能隐含着高水平。这是因为在计算增长速度时,由于对比基

数不同，同样增长1%所代表的绝对量可能相差悬殊。因此，增长速度要与绝对增长量结合起来，计算增长1%的绝对值指标。其计算公式为：

$$增长1\%的绝对值 = \frac{逐期增长量}{环比增长速度} \times 1\% = \frac{前一期水平}{100}$$

（三）用分段平均速度补充说明总平均速度

计算较长一段时期的平均速度，若其中某些时期现象的发展变化具有特殊性，只计算一个总的平均速度，不能确定反映该现象的发展过程及规律性，因而有必要计算不同时期的平均速度，来补充说明总平均速度。例如，在一段时间内现象在前期处于递增状况，后期处于递减状况，可分别计算递增时期和递减时期分段平均速度，补充说明全期总平均速度。同样，现象具有上述特殊性时，应用分段平均增长量补充说明总的平均增长量。

（四）计划数以增长速度指标表述时必须考虑原来的基数

在考核计划完成程度时，可以用实际数除以计划数，但必须考虑原来的基数，即将增长速度化为发展速度之后再计算。例如，计划成本降低率、劳动生产率提高率等。又如，某种产品的计划成本降低率为8%，实际降低率为9%，计划完成相对指标为：

$$(100\% - 9\%) \div (100\% - 8\%) \times 100\% = 98.9\%$$

计算结果表明该产品的实际成本比计划降低了1.1%。

如果用9% - 8% = 1%只能说明实际降低率比计划多降低了一个百分点，此时的百分数的基数不是计划数，而是上年实际数。

（五）几何平均法与方程法的应用

关于现象发展平均速度的这两种方法的应用，必须注意如下几个问题：第一，这两种计算方法侧重点有所不同。几何平均法侧重于考察期末发展水平，它不反映中间各项水平的变化，所以在计算平均发展速度时，必须对间隔期内的各期经济情况进行分析，只有在经济发展情况比较稳定时，方可运用几何平均法。如果中间各期发展水平忽高忽低或者最初和最末水平受特殊因素的影响而过高过低时，用几何平均法计算平均速度，就会降低这一指标的意义，甚至失去代表性而不能确切说明实际情况。方程式法侧重于考察整个时期各年发展水平的总和。因此，利用这种方法计算出的平均速度，不决定于最初与最末水平的变化情况，而决定于间隔期内中间各个时期的变化情况。

第四节　动态数列的因素分析

一、动态数列的影响因素及其分解模型

(一)动态数列的影响因素

在动态数列中,各期发展水平是多种因素综合影响的结果。在这些影响因素中,有些是不同事物特有的,有些是多数事物所共有的。作为方法论的统计学,主要研究各类事物共有的影响因素,构成动态数列的共有因素,按它们的性质和作用,可以归纳为长期趋势、季节变动、循环变动和随机变动四种。每一动态数列都是由这些因素的全部或部分构成的。动态数列的因素分析任务就是要正确确定动态数列性质,对构成动态数列各种因素加以分解,再分别测定其对动态数列变动的影响。

1. 长期趋势(以 T 表示)

长期趋势是指由于某种本质因素的影响,现象在相当长的时间内,呈现的持续上升或下降的发展势态。它是现象在一段时间内发展变化的规律性表现,是动态数列分析的重点。例如,由于生产力水平的提高,世界各国的国民收入和人均所得有逐年上升的趋势。

2. 季节变动(以 S 表示)

季节变动是指动态数列受自然因素和社会因素影响而发生的有规律的周期性波动。例如,农作物的生产受季节变化的影响,有旺季、淡季之分。季节变动的周期通常为一年。

3. 循环变动(以 C 表示)

循环变动是指现象以若干年为一周期,近乎规律性的盛衰交替变动。例如,经济危机就是循环变动,每一个循环周期都要经历危机、萧条、复苏和高涨四个阶段。

4. 随机变动(以 I 表示)

随机变动也称不规则变动或剩余变动,是动态数列除了上述三种变动之外剩余的一种变动,是偶然因素引起的一种随机波动。例如,自然灾害、战争等无法预见的因素引起的波动。随机变动与时间无关,是一种无规律的变动,难以测定,一般作为误差项处理。

(二)因素的构成模型

动态数列上述四种变动按一定方式组合,成为一种模型,称为动态数列因素构成模型。按对四种变动因素相互关系的不同假设,可形成乘法模型、加法模型和乘加模型等。

1. 乘法模型

$$Y = T \times S \times C \times I$$

2. 加法模型

$$Y = T + S + C + I$$

式中，Y 为动态数列各发展水平，如果 T、S、C、I 四种变动因素之间存在着相互交错的影响关系，宜选乘法模型；如果四种变动因素是相互独立的，宜选用加法模型；如果存在其他情况，则需具体分析。在现实中普遍运用的是乘法模型，所以我们在学习中主要使用乘法模型。

二、长期趋势的测定

（一）长期趋势的概念和作用

1. 长期趋势的概念

长期趋势指客观现象在某一个相对长的时期内持续发展变化的趋势。进行长期趋势分析的目的就在于把混杂在一起的各种因素分解，剔除偶然因素的影响，揭示社会经济现象发展的趋势，以便掌握事物发展变化的规律性。

2. 测定长期趋势的作用

（1）可以认识和掌握经济现象发展的规律性，为编制计划、指导生产、管理经济提供依据。

（2）在其他条件没有明显变化的情况下，长期趋势若持续性的发展，根据趋势可以预测未来的发展水平。

（3）消除长期趋势影响，以显示季节变动影响，更好地描述季节变动。

长期趋势的测定模型是根据现象的趋势形态确定的。它既有直线模型，也有非直线模型。测定的方法很多，这里着重介绍移动平均法和线性最小二乘法两种。

（二）测定长期趋势的方法

1. 移动平均法

移动平均法是对原时间数列逐项求序时平均数，平均的项数固定，并逐项移动得出由这些平均数构成的新数列，它可以消除某些因素及随机因素的影响，显示出现象的长期趋势。

设时间数列的水平顺次为：

$$a_1, a_2, a_3, \cdots, a_n$$

若取三项平均移动形成的新数列为：

$$\bar{a}_2 = \frac{a_1 + a_2 + a_3}{3}, \bar{a}_3 = \frac{a_2 + a_3 + a_4}{3}, \cdots, \bar{a}_{n-1} = \frac{a_{n-2} + a_{n-1} + a_n}{3}$$

使用移动平均法应注意下列问题：

（1）修匀（移动平均）后的动态数列的项数减少了，并且所选时间跨度越大,减少项数越多。例如,用五项移动平均,首尾各少两项;六项移动平均,首尾各少三项数字。可见,得到的移动平均趋势值减少,会损失一部分信息量。

(2) 时间跨度应以现象发展变化的周期长度或周期长度的倍数为准,以消除周期因素的影响。时间跨度一般选为奇数。采用奇数平均,一次就能得到移动平均趋势值;采用偶数平均,需要移动两次才能得到移动平均趋势值。时间跨度较大,移动平均显现长期趋势的效果较好;时间跨度较小,移动平均效果则较差。

2. 最小二乘法(最小平方法)

对动态数列采用最小二乘法配合趋势直线,是趋势测定最常用的方法。

设 $y_c = a + bt$ 为趋势方程,t 为时间变量。

(1) 直线趋势的测定

对动态数列采用最小二乘法配合直线趋势方程,是趋势测定最常用的方法。

如果动态数列中逐期增长量相对稳定(现象的一级增长量为常数),可配合直线趋势方程,即

$$y_c = a + bt$$

式中,t 代表时间,为自变量;y 代表数列水平,为因变量;b 是 t 单位时间的直线趋势(平均每年增加量)。

一级增长量为常数,即

$$y_1 - y_0 = k, y_2 - y_1 = k, y_3 - y_2 = k, \cdots, y_n - y_{n-1} = k$$

方程参数 a,b 的求法常采用最小二乘法,根据最小二乘法的原理,建立联立方程:

$$\sum ty = a\sum t + b\sum t^2$$

$$\sum y = na + b\sum t$$

$$b = \frac{n\sum ty - \sum t\sum y}{n\sum t^2 - (\sum t)^2}$$

$$a = \bar{y} - b\bar{t} = \frac{\sum y}{n} - b\frac{\sum t}{n}$$

最小二乘法的基本原理是对原动态数列配合一条趋势线,使之满足两个条件:

① 实际值(y)与趋势线上相对应的估计值(y_c)的离差平方和为最小值,即 $\sum (y - y_c)^2 =$ 最小值。

② 实际值与趋势线上相对应的估计值离差总和为0,即 $\sum (y - y_c) = 0$。

按此原理配合的趋势线计算原动态数列各期的估计值,就形成一条由各期估计值组成的新的动态数列,此数列消除了原数列中短期偶然因素的影响,从

而体现现象发展的长期趋势。

例 8－10 某地区各年粮食产量见表 8－13。

表 8－13 某地区各年粮食产量

年 份	产量(万吨) y	t	ty	t^2
2002	238	1	238	1
2003	240	2	480	4
2004	253	3	759	9
2005	271	4	1 084	16
2006	283	5	1 415	25
2007	286	6	1 716	36
2008	288	7	2 016	49
2009	304	8	2 432	64
2010	310	9	2 790	81
2011	325	10	3 250	100
合计	2 798	55	16 180	385

试用最小二乘法配合直线趋势方程，预测 2013 年的粮食产量。

解：$y_c = a + bt$

因为，$n = 10, \sum t = 55, \sum y = 2\,798, \sum ty = 16\,180, \sum t^2 = 385$

所以，$b = \dfrac{n\sum ty - \sum t \sum y}{n\sum t^2 - (\sum t)^2} = \dfrac{10 \times 16\,180 - 55 \times 2\,798}{10 \times 385 - 55^2} = 9.588$

$$a = \bar{y} - b\bar{t} = \frac{\sum y}{n} - b\frac{\sum t}{n} = \frac{2\,798}{10} - 9.588 \times \frac{55}{10} = 227.066$$

$$y_c = 227.066 + 9.588t$$

预测 2013 年的粮食产量为：

$$y_c = 227.066 + 9.588 \times 12 = 342.122(\text{万吨})$$

(2) 抛物线趋势的测定

如果动态数列中现象的二级增长量为常数，可配合抛物线趋势方程，即根据最小二乘法原理，得方程：

$$y_c = a + bx + cx^2$$

$$\sum y = na + b\sum x + c\sum x^2$$

$$\sum xy = a\sum x + b\sum x^2 + c\sum x^3$$

$$\sum x^2 y = a\sum x^2 + b\sum x^3 + c\sum x^4$$

二级增长量为常数的含义：

$$(y_2 - y_1) - (y_1 - y_0) = m$$
$$(y_3 - y_2) - (y_2 - y_1) = m$$
$$(y_n - y_{n-1}) - (y_{n-1} - y_{n-2}) = m$$

(3) 指数曲线趋势的测定

如果动态数列中现象的环比发展速度为常数，可配合指数曲线趋势方程，即

$$y_c = ab^x$$

根据最小二乘法的原理，建立联立方程：

$$\lg y_c = \lg a + x\lg b$$
$$Y = A + Bx$$

解得 a，b 即为所求。

环比发展速度为常数：

$$\frac{y_1}{y_0} = p \quad \frac{y_2}{y_1} = p \quad \frac{y_n}{y_{n-1}} = p$$

三、季节变动的测定

测定季节变动的主要指标是季节指数，也称季节比率。它是若干年同月（或季）平均数与总的月（或季）平均数之比，以测定各月（或季）的季节指数（比率），说明季节变动的一般规律。其计算公式如下：

$$季节指数(比率) = \frac{同月(或季)平均数}{总的月(或季)平均数} \times 100\%$$

这里，按季计算的 4 个季节比率之和应等于 400%（使用月份资料时，12 个月的比率之和应等于 1 200%）。有时，因舍入误差使季节比率之和不等于 400%（1 200%），就需要把差额分摊到各季（月）的季节比率上。

季节变动的测定方法有两种：一种是不考虑长期趋势影响的同月（或季）平均法，一种是考虑长期趋势影响的移动平均趋势剔除法。

（一）同月（或季）平均法

其计算步骤为：

(1) 根据时间序列资料计算各年同月（或季）的平均数。

(2) 计算各年所有月（或季）的总平均数。

(3) 将各年同月（或季）的平均数与总的月（或季）平均数对比，计算季节指数。

例 8 - 11　某服装公司 2007—2011 年各月销售额资料见表 8 - 14。试计算其季节比率。

表 8－14　某服装企业 2007—2010 年各月销售额数据

月份	销售额(万元)					5 年同月销售额平均	季节比率(%)
	2007 年	2008 年	2009 年	2010 年	2011 年		
	(1)	(2)	(3)	(4)	(5)	(6)	(7)
1	1.1	1.1	1.4	1.4	1.3	1.26	17.6
2	1.2	1.5	2.1	2.1	2.2	1.82	25.5
3	1.9	2.2	3.1	3.1	3.3	2.72	38.1
4	3.6	3.9	5.2	5.0	4.9	4.52	63.3
5	4.2	6.4	6.8	6.6	7.0	6.20	86.8
6	14.2	16.4	18.8	19.5	20.0	17.78	249.0
7	24.0	28.0	31.0	31.5	31.8	29.26	409.8
8	9.5	12.0	14.0	14.5	15.3	13.06	182.9
9	3.8	3.9	4.8	4.9	5.1	4.50	63.0
10	1.8	1.9	2.4	2.5	2.6	2.22	31.1
11	1.2	1.3	1.2	1.4	1.4	1.30	18.2
12	0.9	1.0	1.1	1.2	1.1	1.06	14.8
年总计	67.4	79.5	91.9	93.7	96.0	7.14	1 199.3

解：(1) 计算 5 年同月份的平均数，即

$$(1.1+1.1+1.4+1.4+1.3)\div 5=1.26$$

(2) 计算 5 年同月份的平均数的平均数，即总平均数：

$$(1.26+1.82+2.72+4.52+6.2+17.78+29.26+13.06+4.5+2.22+1.3+1.06)\div 12=7.14$$

(3) 计算各年同月平均数对总平均数的比率，即

$$1\text{ 月的季节比率}=1.26\div 7.14=17.6\%$$

$$2\text{ 月的季节比率}=1.82\div 7.14=25.5\%$$

从季节比率的计算可以看出，6 月、7 月、8 月为旺季，而 11 月、12 月、1 月为淡季。

(二) 移动平均趋势剔除法

移动平均趋势剔除法，考虑到长期趋势等非季节性因素的存在，因此，需要把测定好的非季节性因素值从原序列中剔除出去，然后再求季节变动，以得到没有长期趋势等因素影响的季节指数(比率)。其计算步骤为：

(1) 根据月度(或季度)资料，计算 12 项(或 4 项)移动平均数，得到相应的时间序列的长期趋势值(T)。

(2) 将实际值除以对应的趋势值$\frac{Y}{T}=S\times I$。

(3) 将$\frac{Y}{T}=S\times I$重新按月(或季)排列，求其季节指数。

四、循环波动的测定

循环波动由于经常与不规则变动混在一起，所以很难单独测定。一般是采用剩余法，从原时间序列中逐次消除长期趋势、季节变动和不规则变动，其剩余的结果便是循环波动。

以乘法模型为例，采用剩余法测定循环波动的步骤是：

(1) 求出季节指数 S，并从原时间序列中将其剔除，即

$$\frac{T \times S \times C \times I}{S} = T \times C \times I$$

(2) 计算长期趋势值 T，并在不含季节变动的时间序列中将其消除，即

$$\frac{T \times C \times I}{T} = C \times I$$

(3) 用移动平均法对不含季节变动、长期趋势的时间序列 $C \times I$ 进行移动平均，消除不规则变动，得到循环波动值。

课堂练习

一、单项选择题

某企业第一季度、第二季度和下半年的原材料平均库存额分别为 10 万元、15 万元和 20 万元，则全年的平均库存额分别为（　　）

A. 15 万元　　B. 16.25 万元

C. 11.25 万元　　D. 13.85 万元

答案：B。

二、单项选择题

指出下列数列哪些属于时期数列（　　）

A. 某商店各月末的商品库存量

B. 某商店各月的商品销售额

C. 某地区历年的人口出生数

D. 某企业历年的工伤死亡人数

E. 某企业各年年底在册职工人数

答案：BCD。

三、填空题

已知某企业某产品产量各期环比增长速度分别为 3%、2%、7% 和 5%，则

相应的定基增长速度的计算方法为______________。

答案：(103% ×102% ×107% ×105%) - 100%。

四、简答题

动态平均数与静态平均数有何区别和联系？

参考答案：(1) 动态平均数与静态平均数的联系为：两者都是将现象个别数值差异抽象化，用以概括说明现象的一般水平。

(2) 动态平均数与静态平均数的区别为：① 两者所平均的对象不同。动态平均数又称平均发展水平，它是将现象总体在不同时期上的数量差异抽象化，从动态上说明其在一段时期内发展的一般水平；静态平均数又称一般平均数，它是将总体各单位某一数量标志在同一时间的数量差异抽象化，用以反映总体在具体历史条件下的一般水平。② 两者计算的依据不同。平均发展水平是根据时间序列计算的，而一般平均数是根据变量数列计算的。

五、计算题

1. 某化肥厂 2005 年生产化肥产量为 20 万吨，若“十一五”期间每年平均增长 8%，以后每年平均增长 15%，问 2015 年化肥产量将达到多少？如果确定 2015 年产量比 2005 年产量翻两番，问每年需要增长多少才能达到预定的产量？

参考答案：

(1) 已知 a_0=20 万吨，“十一五”期间(2006—2010 年)的平均发展速度 $\bar{x}_1$= 108%，后五年的平均发展速度 $\bar{x}_2 = 115\%$，$n = n_1 + n_2 = 10$ 年。

2015 年的产量为：

$$a_{n1} = a_0 \cdot \bar{x}_1^{\,5} \cdot \bar{x}_2^{\,5} = 20 \times 1.08^5 \times 1.15^5 = 59.1(\text{万吨})$$

(2) 因为 2015 年产量比 2005 年产量翻两番，即 2015 年产量是 2005 年的 4 倍，所以，2015 年的产量 $a_{n2} = 20 \times 4 = 80$(万吨)，$n = 10$(年)，则平均增长速度为：

$$\bar{x} - 1 = \sqrt[n]{\frac{a_{n2}}{a_0}} - 1 = \sqrt[10]{\frac{80}{20}} - 1 = 1.15 - 1 = 15\%$$

每年需要增长 15% 才能达到预定的产量。

2. 某地区 2006—2010 年粮食产量资料见表 8 - 15。

表 8 - 15　计算资料表

年　份	2006 年	2007 年	2008 年	2009 年	2010 年
某种产品产量(万吨)	220	232	240	256	280

要求：

(1) 试运用最小二乘法配合直线方程写出直线趋势方程。

(2) 预测 2012 年该地区粮食产量。

参考答案：

(1) 设直线趋势方程为：

$$y_c = a + bt$$

$$b = \frac{n\sum ty - \sum t\sum y}{n\sum t^2 - (\sum t)^2} = \frac{5 \times 3\,828 - 15 \times 1\,228}{5 \times 55 - 15^2} = 14.4$$

$$a = \bar{y} - b\bar{t} = \frac{1\,228}{5} - 14.4 \times \frac{15}{5} = 202.4$$

故直线趋势方程为：

$$y_c = 202.4 + 14.4t$$

(2)2012 年该地区粮食产量为：

$$y_c = 202.4 + 14.4 \times 7 = 303.2(\text{万吨})$$

思考题

1. 什么是时间数列?它由哪些要素构成?
2. 编制时间数列有何作用?
3. 时期数列和时点数列各有何特点?
4. 编制时间数列应遵循什么原则?
5. 什么是发展水平和平均发展水平?
6. 累计增长量和逐期增长量有何区别?
7. 计算平均增长量和年距增长量各有何意义?
8. 什么是发展速度和增长速度?两者关系如何?
9. 计算年距增长速度和年距发展速度有何意义?
10. 什么是序时平均数?它和静态平均数有何区别?
11. 如何计算平均发展速度和平均增长速度?
12. 测定季节变动的主要方法有哪些?

附录

动态数列分析的计算机操作步骤

1. 某禽蛋加工厂2005 — 2009 年各月的禽蛋产量资料见表8 - 16。试观察禽蛋产量的发展趋势及其变动规律。

表 8 - 16　某禽蛋加工厂 2005—2009 年各月的禽蛋产量

月份＼年份	2005	2006	2007	2008	2009
1	10	15	22	23	25
2	50	54	60	64	70
3	80	85	88	90	93
4	90	93	95	99	98
5	50	51	56	60	62
6	20	22	23	30	32
7	8	9	9	11	13
8	9	9	10	12	14
9	10	11	14	5	19
10	60	75	81	85	90
11	50	54	56	59	61
12	20	22	23	25	28

具体的计算机操作步骤如下：

(1) 打开"分配数列. xls"工作簿，选择"禽蛋产量"工作表。如图 8 - 1 所示。

	A	B	C	D	E	F
1	月份	2005年	2006年	2007年	2008年	2009年
2	1	10	15	22	23	25
3	2	50	54	60	64	70
4	3	80	85	88	90	93
5	4	90	93	95	99	98
6	5	50	51	56	60	62
7	6	20	22	23	30	32
8	7	8	9	9	11	13
9	8	9	9	10	12	14
10	9	10	11	14	5	19
11	10	60	75	81	85	90
12	11	50	54	56	59	61
13	12	20	22	23	25	28

图 8- 1　"禽蛋产量"工作表

(2) 打开 Excel“插入”菜单,选择“插入”菜单中的“图表”选项, Excel会启动“图表向导”。

(3) 在“图表类型”中选择“折线图”及“数据点折线图”,单击“下一步”按钮。

(4) 在数据区域中输入 B1:F13,单击“下一步”按钮,如图 8 - 2 所示。

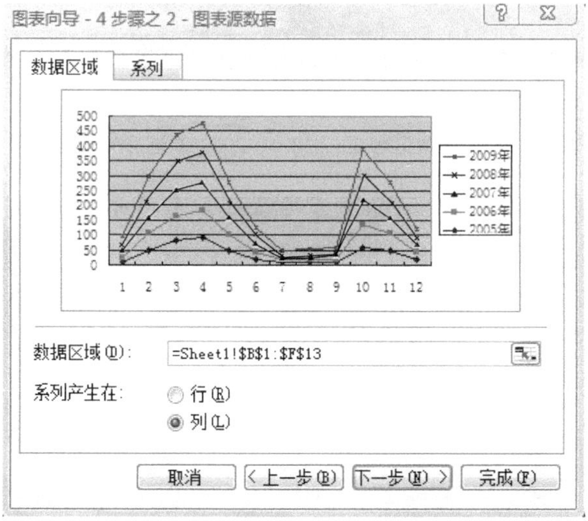

图 8 - 2　数据区域中输入数据

(5) 单击图表“标题”页面,输入标题“禽蛋产量趋势图”,单击“图例”页面,取消显示图例,如果通过图表预览,认为满意,即可单击“完成”按钮。经过修饰,得到禽蛋产量趋势图,如图 8 - 3 所示。

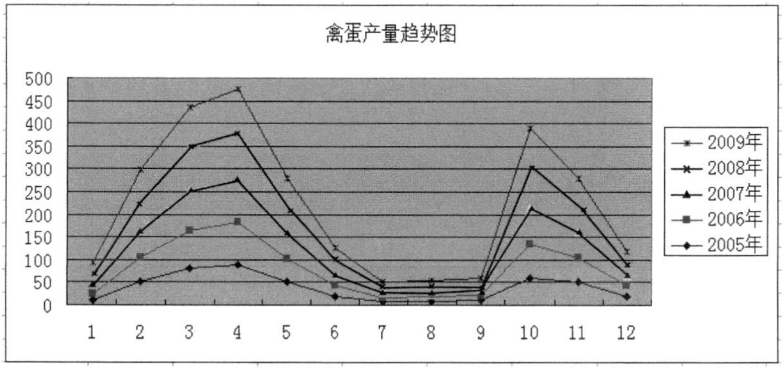

图 8 - 3　禽蛋产量趋势图

2. 利用 Excel 进行趋势预测。

用 LINEST 建立直线方程。

在工作表中选择两个单元格 E2、F2,在“插入”菜单中单击“函数”选项,打开“插入函数”对话框,如图 8 - 4 所示。

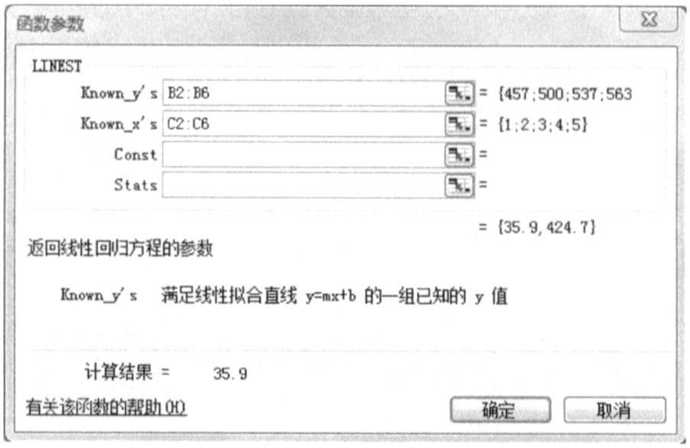

图 8－4 用 LINEST 建立直线方程

在选择类别中选择“统计”,在函数中选择 LINEST,在对话框中输入相应的地址。同时按 Ctrl + Shift + 回车,在 E2 和 F2 出现两个参数 35.9 和 424.7,即为 b 和 a 的参数。

故直线方程为:

$$y_c = 424.7 + 35.9t$$

参考文献

[1]社会经济统计学原理教科书编写组.社会经济统计学原理[M].北京:中国统计出版社,1988.

[2]贾俊平.统计学[M].北京:清华大学出版社,2007.

[3]David Freedman.统计学[M].魏宗舒,施锡铨,译.北京:中国统计出版社,1997.